21世纪广告智能运作书系

书系主编　高凯征

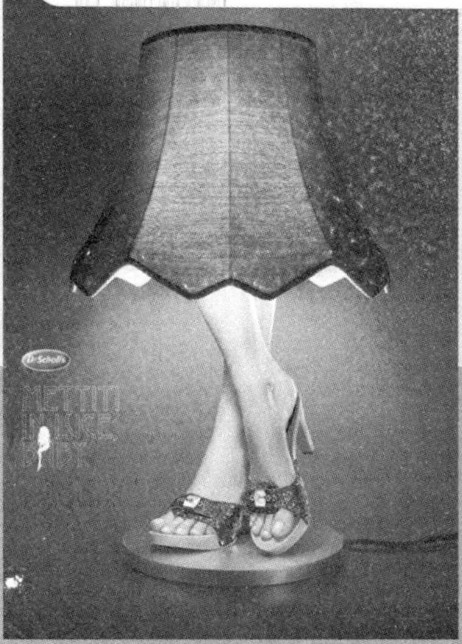

市场营运心计概要

主编　侯　鹏　王丽丽
编者　姜　婷　孙　威
　　　张　洁　尚　莹　马海滨

GUANGGAO

中南大學出版社
www.csupress.com.cn

总序

广告业的繁荣在中国也就是十几年的时间。十几年间，中国大体上完成了计划经济向市场经济转型，广告业伴随着市场经济的发展而发展起来。同时，它也是市场经济的有机构成。广告业在市场经济中发展，市场经济在广告业中展示。

不过，广告作为传播商品或商品生产信息的形象手段，却由来已久，大约有两千多年了。声音广告、实物广告、标志广告、色彩广告、语言广告等等，先秦至汉就不断地普遍起来。历史是文化的构成与展现形态，又是文化的过滤器。在漫长的历史过程中，很多存在过甚至繁荣过的东西消失了，很多先前没有的东西产生了并且繁荣了，更有一些东西消失了复又产生，产生了又再消失，几起几落，这就是历史的文化过滤作用。历史过滤有历史根据历史标准，合于这根据的东西就保留和繁荣起来，不合于这根据的东西就被滤除或者淘汰。这历史的根据或标准又不断地变化，此一时彼一时，这就有了此时被淘汰而彼时又生出的情况。再有，这历史的过滤作用又有空间地域的差异，在此一地产生的东西在彼一地未必产生，在此一地被淘汰的东西在彼一地未必淘汰。比如中国的京剧在西方就没有，而西方规模宏大的教堂群在中国也没有。时间与空间是历史的基本形态也是历史过滤作用的基本形态。不过，不管历史怎样发挥着过滤作用，怎样使不少东西被滤除使不少东西消而又生或生而又消，也不管历史怎样地体现为空间或地域差异，广告却在历史中长盛不衰。这样，广告及广告业就成为一种普遍的历史现象。当然，广告业作为“业”而产生并繁荣这是社会分工的结果。社会分工有社会分工的条件，当广告业作为“业”而独立并繁荣时，相应的历史条件便是商品经济的一定程度的发展与发达。据史记载，唐宋两代是中国广告业相当繁荣的两个时期，专门有一批技艺高超的手艺人在专门的场所从事着花样繁多的精美的广告制作，当时，车船、房架、院墙、廊柱、铺面、门脸、摊亭等都作为广告媒体被开发出来。唐宋时期，正是中国商品经济空前发展的时期。有人说，盛世广告多。这话不假，不仅唐宋，历史上凡值盛世，便都有广告的繁荣。从这一意义说，广告是建立在商品经济基础上的社会繁荣的晴雨表。

广告及广告业与商品经济的内在联系则在于广告乃是商品经济的表象，商品及商品经济经由广告及广告业创造的表象而自我表征、而传播信息、而营造市场并赢得市场。“酒香不怕巷子深”是因为好酒借助于人们的口碑广告而走出深巷，广为人知，进入市场。有些人认为商品好没有广告照样不愁买主，这种看法的迂腐处在于它不知道一传十十传百的好口碑本身就是广告，同时它也不知道大家所以乐于传乐于使自己成为那好酒的活广告，乃是因为那好酒需要广告，需要广告才有一传十十传百的广告效应，也才有那酒的更好；此外，这迂腐还在于，迂腐者没有想到，如果那好酒有了更多的广告宣传形式，它会获得更大的市场，它将由深巷进入闹市，再由闹市走向全国乃至世界。

这就涉及广告与商品、与厂家、与市场、与消费者、与媒体的关系。这是一个复杂的关系群。构成关系群的每一方都在不停地变化，而任何一方的任何一点变化都会经由这复杂的关系引起其他各方的变化。问题是所有这些方面又都在不断地变、同时地变，这就是变幻莫测了。不少商品，不少厂家，不少广告部门，不少广告媒体，就是因为没有很好地顾及各方之变，顺应各方之变，进而以应万变而寻求自身发展的不变，而终于每况愈下甚至淘汰出局。商品经济愈发达，广告业愈繁荣，由上述诸关系方面组成的关系群也就愈千变万化、充满玄机，愈要求眼观六路耳听八方，随机而起应时而动。这样一来，专门研究广告的广告学就成为综合各方的、动态的、机智的、富于创造性的学问，从广告业的经营与发展角度说，这几乎成为一门事关存亡的学问。

当下，中国的市场经济进入繁荣期，很多专家学者认同这样的说法，即随着市场经济的更加繁荣，中国的社会发展已呈现出众多的历史盛世特征。这样一来，就盛世广告多的历史一般性而言，中国广告业的更加繁盛正成为不争的事实。广告业的繁盛自然要集聚一大批广告从业人员，即所谓广告人；而广告学的事关经营之存亡与发展的严重性，又使得这门学问成为广告人及有志于广告的人无可回避必须精修的学问。由此，广告便有了相当普遍而且强烈的求教与施教的社会需求。一些专门从事广告学教学的院校或专业陆续被催生与发展，一批专事广告教学及研究的教师先后进入角色，更多急欲求知的学生也带着广告人的梦想走进课堂。20 世纪 90 年代初，极少数率先开设广告专业的教学者还被业内人士讥笑为投市场经济之机巧，曾几何时，大家又都唯恐不先地挤入这块专业教学领域。这又一次证明任何选择都无从离开发展变化的现实，发展才是硬道理。

真正有成效的广告教学离不开适宜于广告发展现实的教材。然而现实发展太快，广告学问的社会需求也来得太猛烈，而任何一门知识的教材又需要一个积累沉淀的过程。虽然可以借鉴，借鉴邻近学科的教材，借鉴先行的他国同类学科教材，但这毕竟是借鉴而且也只能是借鉴。中国的广告教材如果不适宜中国广告的发展规律，那就只能是花拳绣腿误人子弟。

适宜于中国广告业实际、适宜于中国广告发展、适宜于中国广告人才需要的广告教材，成为急切的时代呼唤。

摆在读者面前的这套“21 世纪广告智能运作书系”正是应时代呼唤而生，应时代的广告教学需要而生。它承载着历史的广告业的坎坷起落而来，积聚着广告的经验积累而来，负载着广告人的热切期待而来，承担着广告学及广告业繁荣的压力而来。它是一个风尘仆仆的赶路者，带着喧嚣的市场风尘进行冷静的思索。

广告这门学问是一个综合性很强的学问，它须直面充满活力并变动不居的现实复杂的广告场景，须对解答实践着的广告及广告业难题提供富于实践意义的启发与引导，它还必须提供广告开发与创造广告精品、更充分地发挥广告效应的方略。这就是广告学的现实具体性特征。在所有的学问中，具体性的而非抽象性的学问是极具知识综合性的学问，没有众多知识的融会贯通就没有现实具体性的学问性及实践性的实现。广告策划、广告创意、广告经营、广告媒体开发、广告制作等，都直接面临具体的实施效果问题，而每一个效果的获取又都涉及众多方面知识。广告策划的总体方略，怎样既合于商家又合于市场更合于消费者的关注？这就既要知晓商家的经营之道及经营状况，又要了解市场的变化规律变化现实，还要了解消费者的消费期待、消费水平、消费习惯。这里的每一个方面都靠相关的知识支撑着：工商管理学的知识、经济学的知识、市场学的知识、消费学的知识、心理学的知识、美学的知识、文化学的知识、民俗学的知识、传播学的知识、媒体学的知识、设计学的知识、写作学的知识，等等。这众多知识如血液贯体般地流转于广告学问及其应用中，任何一方面知识的不足都会给施教与应用带来窘迫与尴尬。有人说广告的学问在广告之外，这话当然是有道理的。当广告人不是很难，也就是个谋业与敬业问题，但要成为广告界精英成为呼风唤雨的广告大师，那就大不容易了。其中的难就难在这需要大量的知识积累，需要从业于广告的人是一个真正意义的通才。按照这样的标准来编写广告学教材，要通过这样的教材去培养广告人，去为广告业精英、广告大师打下坚实的广告学基础，不突出广告学的知识综合性特点，显然不行。

此外，广告学问既非知的学问亦非技的学问，但它又离不开知与技，它介于知与技之间，是知的具体运用是技的经验向着知识的升华。中国古人称这类学问为“术”，古希腊的亚里士多德则称之为“艺”。广告学的教材如果按照纯然的知识类教材去编写，对定义范畴特点功能等，条分缕析，成识成体，不能说这类教材没用，这也只是专业知识的入门之用。而且，不管这类教材如何追求知识的体系性，理论的精深性，它也比不上那些理论性很强的专业。眼下不少这类关于“术”或“艺”的教材，特别在知识性理论性上下工夫，整个体例建立在原理、特点、功能等的知识性阐述的基础上。使用这样的教材，学生知道了是这么回事甚至知道了为什么是这么回事，但却不会动手动脑去做这事，这就是问题了，这显然有违教学的初衷。像这样的以知为重的教材，在广告学的各类学问中，在总类或重要分类中有一本两本概论性的东西也就够了。至于少数人要进一步深造，要在广告学领域做大学问，如攻读硕士或博士学位，进而成为这一领域的理论家，那当然须有更富于理论性的教材，但那又绝不是概论性的东西，而只能是专题研究的专著性教材。像现在不少教材那样，应用而不能用，专题研究却既非专题又不得专题之究，就不伦不类了。

当然，走另一种极端，把广告学问做成技术性教学，只是在动手、动口能力上下工夫，使学生所学仅止于如何市场调查，如何谈判，如何做灯箱广告路牌广告等，这也不合于广告的学问规定。这些具体动手或上手的技术性的学习或训练确实应该有，应该学与练，但不能仅止于此，还要进一步向知识学问的高度提升，即不仅使学生会动手去做，更要使学生知道为什么应这样去做，知道何以这样做行而那样做就不行。一则电视广告，从形象到言辞到场景和音乐，做出来播出来了，看上去似乎原本就应该如此，其实从制作者角度说，他着手制作时是面临着众多种选择的，每一个局部或细部都有众多选择，对每一个选择他都要进行大量比较，而最终所以这样来做而不那样去做他都必须有所根据。这里是容不得盲目性的，也非随意之举。为什么有些电视广告，从模特表演到场景，音乐、言辞、摄制技术都很不错，受众也乐于观看，但十几遍播过去了，就是记不清所宣传的商品叫什么名称？为什么一些报纸广告整版地做，不断地做，受众应合率却远不如预期那么高？为什么一些优秀的现场广告可以技压群雄，从其他现场广告中脱颖而出一下便抓住受众的注意，而其他广告反倒成了陪衬？为什么一个广告策划可以救活一个企业、创出一个品牌，而更多的广告策划却无助于企业走出打不开市场的困境？为什么有些广告语美则美矣却乏力于促销，而另一些看似平常的广告语却产生出强而有力的关注效应，甚至一语定乾坤？这类问题主要并不是技术或技艺水平问题，这里有众多学问的灵活运用。仅从心理学角度说它就涉及感觉强化问题、知觉注意问题、同构问题、认知问题、想像问题、记忆问题、情感问题、共鸣问题，等等。对于制作者来说，桃李不言可以，心中无数则绝对不行。这心中的数就是学问。这学问的体现及获得这学问之方法的重要习得处所就是教材及使用教材进行教学的课堂。

广告学的“术”或“艺”的学问，在亚里士多德的“识”、“智”、“艺”的三元划分中属于“智”。“智”，即智能，这是开启、运用、展示聪明才智的能力。它不同于观念的知，也不同于技术技艺的技，智能是知与技的汇聚场所。无知则无智，同样，无技也无智，专门的知汇成专门的智，专门的技受导专门的智。而广告学问的综合性又决定了广告之智乃是综合的智，它由众多知识支撑又向广告所需的众多技艺敞开。广告学问做成知的学问或做成技的传授都未见其本分，唯基于广告知识的广告智能开发，才是这门学问的起点与归宿。概括地说，就是如何进行广告学的智能传授与训练。这套“21 世纪广告智能运作书系”就是奠基于广告学智能的传授与训练，并以此组合知识、转用知识、综合知识，再以此为根据形成思路和体例，建构以智能实训为特征的学问体系。

广告学的智能实训，须以教为引导以训为主元。教，主要讲授待训之智能的性质、结构、心理特征、训练根据、训练方法根据、训练要求、训练目的等等；训，则分导训、助训与自训，引导学生成为智能开发的主体。这类教与训再与相应的广告学知识关联起来，以相应的广告专业知识为专业智能实训的知识提领并据此营造相应的知识场景与应用场景，专业知识由此被讲授。在这样的学问系统中，专业知识铺设进去了，专业知识向专业智能实训的转化展开了，提升专业智能的目的也现实化了，学生学成后用于专业开发的业绩也就随之而来。就这样的知识—实训—智能提高—专业应用四位一体的教材学问构架及学问体系而言，这是一套应广告及广告业现实发展的实际需要，实现知识智能转化的富于创新性的教材。这套教材的构架与体系，决定着旨在开发智能的案例分析，旨在进行智能实训的专业场景式、专业课题式、专业情境式训练题目的设立，以及学生的实训参与、实训参与过程设计、实训成果检验这三个方面，它们在教材中占据重要位置。这里的难点及特点并不在于案例分析及训练题目的设立形式——这类形式在其他教材中也都不同程度地引起关注并设立，而在于把这类形式的根基设立于智能开发的基点。显然，让人知道一件事与教人做好这件事并不是一回事。出于知识的基点与出于实训的基点，两者即便用到同一个案例与设立同样的习题，其要求、其侧重、其具体分析与展开过程也大不相同。其中的差别，与告诉人南极旅游的知识和亲自组织旅游团到南极旅游是完全不同的两回事一样。

这套教材中的半数以上内容在此前三年中已在辽宁广告职业学院及部分从业人员培训中不同程度地试用，并在试用中不同程度地修改与完善，收到的教学效果是令人振奋的。一些综合性大学的广告专业也已引入或正在引入这样的教学思路及这套教材此前已然成形的部分。

广告业的繁荣与发展催生着与之适应的广告学教学，卓有成效的广告学教学通过源源不断地为广告业输送开发了专业智能的人才而促进广告业的更加繁荣与发展。这个过程中，作为广告业及广告人才的答谢式馈赠，以智能实训为基点的广告学教材也在实践中如根基于沃土的苗木，饱受阳光雨露的滋养，正长成繁茂的森林。

现在，这套教材向读者们交付了，它需要在读者的批评中不断完善。

以此为序。

高凯征

前　言

这是一部教你如何聪明，如何在激烈的市场竞争中把事办得更好，从而成为优胜者的教材。

市场是只喂不饱的怪兽，它喘息着、寻觅着、吞噬着，把很多人无声无息地消化掉，使他们空余壮志、空余慨叹、空余浮云荡悠悠。不过同时，市场又是一个有着取之不尽的财富的魔盒，无尽的财宝、荣誉、享乐、机遇，都可以从中提取，它是无中生有的魔术师，又是使人有而更有的恩泽之神。那么，对于你，市场将成为什么呢？这就要取决于你的联盟才智和发挥聪明才智的奋斗精神了。奋斗精神须自己去磨炼，自己不为无人可代。但聪明才智却可以讲授，可以培养，这是一个教化过程。这部教材，这部称作《市场营运心计概要》的教材，就是专事进行优胜于市场的聪明才智之教化的，由此说，这又是一部赐你以财富的教材。

心计就是通常说的计谋，“眉头一皱，计上心来”，“运筹帷幄，决胜千里”，“谈笑间灰飞烟灭，沉吟时千军万马”，这类大家耳熟能详的话，讲得都是获取计谋的自由状态，潇洒自如、风流倜傥，敌人闻风丧胆，自己悠然自得。无怪乎很多闯荡市场的人一听有计谋便喜上眉梢。“点子行业”，“点子大王”这类的职业及人物也就这样应用而生。其实，计谋的得来，心计的养成并非易事，它是科学思维的结果，它来于艰苦的学识与智慧修养，表面看举手投足，轻松自如，内地里千辛万苦，三更寒月五更鸡。这个过程绝对少不了传授心计谋略的书籍。古时，这类书称为秘笈，都是得道高人潜心体悟，切磋琢磨的结晶，轻易不传于他人，这类秘笈因为经过了多少次的成败验证，所以字字珠玑，奥妙无穷，得了这样的秘笈又肯苦心习得，就可以运筹帷幄，决胜千里了。现今的印刷术高度发达，这个时代被称为传媒时代，写一本心计谋略的书，孤本单行，成为秘笈，已不可能。而且，写书的人也不全都是得道高人。但有一点可以肯定，只要是一部确然有用的心计谋略教材，写作者或编书者是必须要精研大量成功的谋略，并要借助于各方面的知识，尤其是谋略思维的知识，经过字斟句酌，进而才能成书并进而才能施教。现在你得到的这部教材，就是这样一部集谋略经验、谋略案例，思维知识与训练为一体的心计谋略之书，它有心计秘笈的功能，又得多家之道。它教你怎样思维才能形成市场营运的心计谋略，并指导你进行这方面的训练，市场营运中很多事看似很难，别人成功地做了觉得很神奇，其实，掌握了正确的思维方法，也就是层窗户纸，一捅就破。我记得有这样一个故事迷，说有两个人赛马，比谁的马慢，两个人骑在马上都不走，因为谁先走谁的马就快了。这时，来了一位老者，在两人的耳边说了一句话，两人立即骑上马拼命地策马前行，比赛成功。这个故事迷要求回答的是那位老者在两个赛马人耳畔说了句什么话。听这个故事迷的很多人猜不出来。其实，这不过是一个换位思维，比谁的马慢，当然比赛双方都希望对方的马快，对方马快，自己就赢了，如果让两个人各骑上对方的马，他们能不扬鞭跃马吗？由此也就知道了那位老者在赛马人耳畔说的话，他就说了两个字——“换马”。换位思维，从对方角度思考问题，按对方希望让对方行事，这就是心计。思维学就研究这类问题，这部教材也就是从市场营运角度施教这类问题。

今天这个时代早已不是少数得道高人独行天下的时代。关键在于是否专心致志，术业有专攻。社会分工繁多而复杂，一些教师对他们所教形成专门研究，专在他们的所教方面刻苦钻研，集腋成裘，他们就得了“道”。老师们得“道”先授“道”于你，你也可以成为得“道”之人，你也就有了心计谋略，可以去优胜于市场。

这部教材内容充实，体例严谨。有知有识，有训有练，很适合于智能教学与实训。书的价值不在于精深，而在于适用。古人说，知日用之始，用为知之真。适用于教，适用于学，适用于智能实训，这就是智能性高职教材的价值。这部教材的几位年轻编者，也是直接上这门课的教师，长时间专心于此，揣摸于此，这是他们心血的结晶，是他们智慧的结晶。由于他们研究了很多市场营运的心计谋略，并且又熟知市场营运知识，因此这也可以说是市场营运心计的结晶。

现在，你是这部教材的学习与使用者了。在课堂上，它将具体化你的学习与实践过程，它是否会经由你的学与练转化为你的市场营运的心计谋略呢？这就要靠你自己的努力了。再精的佳肴，送到嘴边，弗食，何精之有？

再美的音乐，传于耳畔，弗闻，何美之有？你一定知道那句大家都知道的话——“师傅领进门，修行在个人”，这是至理名言。现在，教材有了，教学有了，修行，就靠你自己了。这是终生受用的事。

主审　高凯征

目录

第一篇　心计思维篇

第一章　思维能力

第二章　思维方式

第三章　创新思维的盛行

关于思维，心理学家与哲学家都认为这是人类大脑经过长期进化而形成的一种特有机能，并把它定义为："人脑对客观事物的本质属性和事物之间内在联系的规律性所作出的概括与间接的反映。"之所以说是"概括的"反映，是因为这种反映不是对客观事物的全部属性及其外部现象的复制，而是对事物的本质属性及事物之间内在联系规律进行抽象（舍弃其非本质属性及现象）的基础上所作出的概括性反映。之所以说是"间接的"反映，是因为这种反映是通过符号表征系统（如概念、表象、手势等）间接地完成，而不是像照相机那样直接对事物做出反应；思维是人脑对感知觉所提供的材料进行去粗取精、去伪存真、由此及彼、由表及里的加工，从而概括地、间接地反映客观事物特征的过程，它属于认识的高级阶段。

每一个人都有自己的思维，每一个人都会思维，甚至就连最低等的动物也会进行思维，然而对于思维，我们大多数人并不会利用，还有就是我们一般的人都只具有一些简单的思维，如果实际情况发生了变化，大多数的人就会显得仓促无措，也就是我们常说的"傻"了。思维对于一个人的重要性可以说是不言而喻的，本课题的设置使大家的思维能达到一种新的高度。

第一章　思维能力

学习要点　本章是对思维过程的产生和思维的运行条件进行深入的学习，在本章将会学习到思维的组合部分以及思维的特点。

第一节　思维过程的产生

思维是什么？人们将思维定义为人脑对客观现实概括的和间接的反映，它反映的是事物的本质和事物间规律性的联系。思维同感知觉一样是人脑对客观现实的反映。感知觉所反映的是事物的个别属性、个别事物及其外部的特征和联系，属于感性认识；而思维所反映的是事物共同的、本质的属性和事物间内在的、必然的联系，属于理性认识。

思维由知觉、回忆和组合三者组合而成。

当你看到月亮，你就认识了它，这就是知觉。如果记住了它，这时的月亮在你大脑里的投影就是记块，以后你在大脑里回忆起该次月亮的情况，这时在你大脑里所出现的影像就是忆块。你将这次月亮所形成的记块用来思维，那它跟其他记块组合后，所形成的就是思块。“比喻月色宁静、虫鸣沟壑”就是一种思块。

思块包括三个方面：一是直接认识，这一过程本文称“知觉”，它是由刺激产生的；二是记块的再现，这一过程现在人们称作“回忆”，它是生物钟唤出的；三是忆块的组合，它可以由刺激和生物钟两者的作用同时产生。

人能够说话，它是忆块的再现，是你小时候学的发声识字在起作用，没有这些再现，就没有人的语言，这种语言谁也不需要一个一个地在自己的大脑里调取，而是自动地出现，这种自动是和记库的分类储存相关联的，虽然生物钟在此起非常重要的作用。回忆和思维过程牢牢地结合在一起的，所以，本文没有单一的回忆描述，而是将它与思块的产生联系在一起描述。

流体智力能够衡量一个人适应新情况、解决新问题的能力，而与之相对的晶体智力则体现了我们获取知识和经验的水平，比如词汇量、语言能力和计算能力。

一、知觉

事物被生命感知，一般是自然产生的。一个小孩第一次看到狗，他就会默默地注视着它，第二次看到它，小孩就已经知道这是什么了，虽然可能不知道它叫"狗"，这种感知是不需要大人教的，但是，对物品的名称必须别人教才能学会。最明显的例子是小孩学话，到了发声学话的年龄，大人只需要教小孩说"爸爸"、"妈妈"或"狗狗"，并不需要教他们嘴怎么动，舌怎么放，气流多大等具体的知识，他们就会自己出声了。

感知是器官的一种本能，并且个人对同一物体的感知也是与当时的很多因素有关的。比如对气味的鉴别，一个狐臭气味很大的人，其他人闻了作呕，而他的爱人却不会；饥饿时吃到的土菜的味道是那么好，饱腹时再吃是那么难咽；读一篇感人的文章，第一次读可以使你热泪盈眶，多读几遍后你就不会再出现这种情况了；儿时对某种动物或植物的反感，一直可以影响终生，甚至有人对一种东西还有可能产生恐惧感。以上例子说明，感知是感觉器官的一种功能，这种功能直接投影在大脑中。感觉是感到物体的存在，感知是鉴别现在你感觉的是什么，人们常常会出现这种情况：你感觉自己病了，但是，并不知道自己得的是什么病；你遇到一个人似曾相识，就是想不起在哪里见过面或者叫什么了；一个很普通的汉字，你突然不知道写了。这些都是你的感知阻止了你的感觉，也就是你感觉到了该事物的存在，但不知道该事物是什么造成的，原因是感觉与记库中已有的该信息对不上号，不能实行"对接"，虽然你的感觉已经明了其对方，但你的知觉没有被生物钟的提示事件功能找到，所以在大脑的思维中枢永远是个谜，除非医生告诉你这个病或对方告诉你在哪里，或旁人告诉你该字怎么写。

人的知觉，也是基因作用的结果。比如，对大部分男人来说，真正读懂女人的脸蛋的美丽，是在个人生长发育时，而且伴随着性成熟。男人们自然并且同时产生了"审美素"(这是一种规则素，不是思维素)。对女人而言，也是在生长发育产生第二性征的时候，同时开始对男人的声音等表征进行"审美”。大部分女孩到了这时开始喜爱男人那富有磁性的声音，也喜欢听男人对自己哪怕是”无中生有”的恭维，从而顺从于任何一个差别很大的男人。这种差别可能存在于年龄、美丑、社会地位等方面。并且，女人择偶标准一般是以自己的父亲为模本，男人就不同，男人对比自己大一天的女人都可能不屑一顾，当然以上情况也不是绝对的。女人还喜欢男人的智慧，男人可不喜欢女人的智慧。

二、回忆

记块在生物钟的作用下被提取出来并放到思维中枢的过程，就形成了忆块，这一过程称作回忆。回忆过程是智慧过程的关键，是衡量一个人智商水平的标准。那么它又是怎么产生的呢？其实很简单，它是人体生物钟作用的结果。

三、组合

忆块放到思维中枢，按一定规则组合，就形成了思块。先来看看人类是怎么思维的。下面是一种算式，在没规定 M 是个什么数的情况下，谁也得不出这个算式的结果，于是你的思维停滞了。

$$\begin{array}{r} 12345678M \\ +987654321 \\ \hline \end{array}$$

一种算式

由以上例子可以看出，人类那么玄妙的思维在此都无能为力了，出现了思维不下去的场景，这是为什么？特点是人脑没了思维规定，就因为如此，所以人类出现了思维停顿。由此可以看出，非常复杂的高级的人类思维又是多么简单，思维就是一种组合，是多种忆块在一定规则下面进行的组合，规则也是一种忆块，只是按照这种规则忆块去调取其他有用的忆块罢了。就同一食物链，一种动物以一种其他生物为主食，一旦某个食物链被改变或断裂，下面的物种就会出现死亡或灭绝。思维也是一样，没有原块的刺激，大脑内就不会调动必需的规则出来，没有思维规则就没有相应的思维忆块的取出，在思维规则的组合下，忆块不断地组合，于是产生出一种所谓的新思维，这种思维就可以控制人体的行为了，行为是识别动物趋向的第一要素，没有动物的行为的表征，其他动物就不会介意或注意该动物的现实意义，是因为你看到蛇这一忆块的刺激，才调动了你大脑内"蛇有毒，咬人后会使人死亡"这一规则，在此规则的启动下，你就会产生很多忆块到思维中枢，比如"该蛇是毒蛇吗?"、"它注意到我了吗?"、"它跟我现在的距离是否可以轻易地咬到我?"以上这些看似思维的东西，其实在这里都是你大脑内的忆块的调取过程(这些忆块不排除在其他地方可以当作规则使用，因为忆块和规则没有严格的区分)，最后你才会出现如下真正的思维：离开它还是打死它(总规则是"不要让该蛇咬到我")。

通过以上例子，可以知道，人类有时为什么考虑不到，有时为什么思维欠周，为什么同一件事，别人做得很好，你做得不好，其主要原因就是在某人的大脑里缺少一点东西，这个东西不是别的，就是你没有关于做好这事的忆块，没有好的忆块，就没有好的思块，没有好的思块就不会有好的行块(行为)。大脑内的忆块越多，忆块质量越高，生物钟功能越好，你的思维结果就越好，有了一个好的思维结果，就会有好的行为出现。历史上那些名人，那些将军，不就是这么简单地成名的吗？国王交给阿基米德(Archimedes 公元287—212)一个金冠，要他检验它的纯度，以便证明金匠没有贪污他的金子。阿基米德在洗澡时发现，盆内的水被溢出，这时他想到了金子不也可以这样检验吗？他将同等的金子和金冠放在同等的水里，于是一个伟大的发现诞生了，这就是现在所说的阿基米德定律。之所以你没有这些伟大的发现，是因为你没有这种现实或条件。比如，因为你还没有出名，所以没有国王交给你这样一个艰巨的任务。你的上司曾经交给你一个较难思维的任务，你没有找到解决这一问题的规则，或有一个明确的规则，你却没有很好的忆块可以被调来实行组合，于是你没有解决这一问题的思块出现，所以别人就看不到你做好这一事物的行为。

第二节　思维的运行条件

思维是在一种什么情况下进行的呢？

第一，思维必须有原块刺激才产生。这就是本文前面所叙述的知觉，它是一级思维。任何思维(包括梦)的产生都是来自于外界的一种原始的刺激，比如做梦时，一般都有刺激的存在，你梦见开枪，是因为在你睡觉的附近有接近枪响的声音存在；梦见自己开车狂奔，是附近有汽车在轰鸣；梦见自己杀人，是因为最近你的心情不是很好；梦见自己从很高的地方掉下来是因为你的肌肉在不自觉地运动，每个梦都可以找到梦源。梦不是无中生有的，梦是一种思维的结果，只是你的这种思维与白日的思维有着本质的差别，白日的思维是按照一个规则思考问题，梦中的思维是多规则运行的，是没条理的，是不可靠的。

第二，思维必须在一个或多个规则下进行。象棋是在首先设定了一个总的规则"将死对方的将"下进行的，一个规则还不足以运行，还要设定诸如马、车、炮等的走法，这些走法全是一种规则，它们是在"将死对方"这个母规则下设定的子规则。有了规则，就有了思维的基础，再在很多子规则下，就构成了一个个完整的思维。人类所有的思维，都是在建立各种各样的规则：人类以前不认识太阳系，在众多的科学家的思维和实践下，才找到太阳系的规则，而这些科学家的每一个思维，也是一些规则构成的，不是无中生有的。因此，有了问题就有了思维的基础，有了规则，就可解决问题了。

第三，规则必须有大量忆块的参与才构成一个完整的思维。任何一种思维都必须有大量的忆块参与，你思考问题，就是在规则的指导下，对忆块的一种定向组合，大脑内能够调取的忆块越多，解决问题的途径就越准。

广义上讲，思维是指主体能动地，连续性地获取各种环境信息，由特定的组织或组织体系对获得的环境信息和之前的运算结果信息进行一系列的运算，得出应对环境变化的方案的运动，在这里，运算包括转型、传递、提取、存储、删除、对比、排列、组合等多种最简单、最基本的操作。

广义思维具有如下特点：

1. 思维的本质是思维主体的一种运动。从物理学的研究结果可知，思维的主体是由分子和原子等单位构成的，分子和原子又是由质子、中子和电子等基本微粒构成，而这些基本微粒只能处于物理运动状态之中。在分子角度上，思维运动可以被分解为分子和原子的物理运动和化学反应。

2. 思维运动的过程是一个消耗能量的过程。组成思维运动的物理运动和化学反应都需要消耗能量。生物体的思维运动一般需要消耗生物体的化学能；非生物的思维运动一般需要消耗电能。

3. 思维运动可以被分解为许多个最简单、最基本的运算。既然思维的本质是运动，那么它当然可以被分解。生物体的思维运动可以被分解成许多个可以被蛋白质和核酸等生命物质控制和操作的最简单、最基本的运算；非生物的思维可以被分解为许多最简单、最基本的物理运算。

4. 思维运动是一种持续性的过程，是对新获得的环境信息和之前的运算结果信息的综合运算，即思维运动的过程是一个信息积累的过程，过去思维运动的结果会对现在和将来的思维运动产生影响。

5. 思维运动的过程和结果不一定被思维主体所意识。一些思维运动的过程和结果可以被思维主体所直接意识，另一些思维运动可以被思维主体所间接意识，其余思维运动则无法被思维主体所意识。就像光线一样，人们只能看见其中的一部分(可见光)，其余部分(红外线和紫外线)肉眼是无法直接看见的。

6. 思维运动不一定能被思维主体支配和控制。其中一部分思维运动受思维主体意志的支配和控制，另一部分思维运动不受思维主体意志的支配和控制。

7. 思维运动因思维主体的思维组织体系的发达程度不同而有低等思维和高等思维之分。低等生物的思维组织体系较低等，具有低等的思维；高等生物的思维组织体系较发达，具有高等发达的思维。

8. 思维现象普遍存在于生物界。思维运动是几乎所有生物共有的一种本能，而不是人类或动物的特能。生物的应激性正是其思维的表现。生物普遍存在着应激性，由此可知，思维现象普遍存在于生物界。

在这里，把思维主体可以直接意识到的思维称为意识思维；把思维主体不能直接意识，但可以间接意识的思维称为潜意识思维；把思维主体无法意识到的思维称为无意识思维。把思维主体意志可以支配和控制的思维称为主动性思维；把思维主体无法支配和控制的思维称为被动性思维。

实际上，主动性思维和意识思维是同一种思维，被动性思维包含了潜意识思维和无意识思维。人类的意识思维就是我们平时所说的狭义思维，意识思维的过程也就是我们思考问题的过程。人类的潜意识思维是灵感、梦、幻觉等的来源，潜意识思维可以通过这些客观存在的现象间接地意识到它的存在。此外，人的感情、性格、兴趣、习惯、心情、心理素质、某些技能等都受到潜意识思维的影响。

无意识思维，也就是主体无法意识到，但又客观存在的那种思维运动。生物体的无意识思维指导着生物体自身的生理，生长发育，创伤修补，疾病抵抗，繁殖和变异等。

生物的无意识思维先于意识思维和潜意识思维出现，意识思维和潜意识思维正是无意识思维进化和发展的结果。

生命的许多现象可以表明无意识思维是存在。例如，人类受到惊吓时会出汗，这是一个客观事实，恐惧是人可以意识到的，但是出汗不受人的意识思维控制，也不受人的潜意识思维控制，这也是客观事实，所以，它只能受无意识思维控制。或许有人会说，人类受到惊吓时会出汗这是一种生理反应，然而，生理反应本身就是无意识思维的一种表现。

训练题

训练一：突破传统观念的测试

突破传统观念的测试也被认为是“创造性思维的准备活动”。乍一看，这类测试似乎有些故弄玄虚，其实它的真正意义在于促使人们探索事物的存在、运动、发展、联系的各种可能性，摆脱思维的单一性、僵硬性和习惯性，以免陷入某种思维定式跳不出来，使自己的思维更具有多端性、柔软性和独特性，进而发展自己的创新思维能力。

下面推出的测试题，大都是一些实际问题，需要你去解答，看看你摆脱习惯思维的程度有多大。

1. 玻璃瓶里装着橘子水，瓶口塞着软木塞。既不准打碎瓶子，弄碎软木塞，又不准拔出软木塞，怎样才能喝到瓶子里的橘子水？

2. 一个人的衬衣纽扣掉进了已经倒入咖啡的杯子里，他连忙从咖啡里拾起纽扣，不但手不湿，连纽扣也是干的，这是怎么回事？

3. 玻璃杯里有一枚5分的硬币，旁边有一只筷子，一根细绳和一份奖品——一盒泡泡糖。要求你不准直接碰到玻璃杯和硬币，也不准移动杯子。怎样才能取出杯子里的硬币？得胜者将获得这份奖品——一盒泡泡糖。

4. 在小红的房间里，床和电灯开关（不是拉线开关，而是一般的电灯开关）相距有3米远，她打算天暗之前就到床上。你猜一猜，她是怎样做到这一点的呢？

5. 一只网球，使它走一小段距离后完全停住，然后自动反过来朝相反的方向行进。既不允许将网球反弹回来，又不允许用任何东西打击它，更不允许用任何东西把球系住，怎么办？

6. 在小韩的房间天花板上，悬挂着两根长绳。两绳相距 5 米，旁边桌面上有些小纸条和一把剪刀。聪明的小韩却能站在两绳之间不动，伸开双臂，两手各拉住一根绳子。你知道他用的是什么办法呢？

7. 用 6 根火柴棒，搭出 4 个三角形，怎样搭？

8. 食堂张师傅切豆腐，一块豆腐切 3 刀，切成 8 块，他是怎样切的？

9. 怎样使火柴在水下燃烧？

10. 两个父亲和两个儿子分 3 个馒头，每人都分到 1 个，这是怎么回事？

11. 古时候，有个老人临死前把 3 个儿子叫到床前，决定把自己的 23 匹马分给他们。他要大儿子得 1/2，二儿子得 1/3，三儿子得 1/8。

老人死后，3 个儿子按老人的遗言分马，怎么分都不合适。正在这时，他们的一位亲戚骑着马来了。他想了个办法让 3 个儿子都满意。于是他又骑着马回家了。请问，他用了什么好办法？

训练二：质疑日常习惯

以下是一种打破“习以为常”心态的练习，国外思维训练师称之为“乔治热身练习”，有助于认识日常习惯中的合理部分与不合理部分。

1. 在家里看喜剧时，你会不会大声笑出来？会不会跟在电影院里看喜剧一样频频大笑，而且笑得那么放肆？为什么？

2. 如果你穿 70 号的鞋，有一双鞋标着 66 号，但是却很合脚。你会不会拒买这双鞋？为什么？

3. 你第一次抽烟或第一次喝酒，是独自一个人，还是跟其他人一起？

4. 你有没有向医生请教过与医药无关的问题？为什么？

5. 你喜欢歌剧吗？为什么？

6. 如果政府拿走你财产的 10%，你会大发雷霆吗？

7. 你的观念与信仰是否跟父母相同？为什么？

8. 列出一张单子看看自己的日常习惯，对其中的每种习惯提出质疑。

训练三：请认真思考以下 7 个问题，认真做答

1. 明和美两人各出相同的钱买糖果。大明向小美说："这种糖果一个 10 元；因为你比我多吃两个，所以待会你再给我 20 元。"这场交易公平吗？

2. 在该罗马数字"9"上，加一条线以使其成为"6"但不能折叠纸。

3. 电影院内禁止吸烟，而在剧情达到高潮时，却有一男子开始抽烟，整个银幕笼罩着烟雾，却没有任何人发出异议，为什么？

4. 纸上写着某一份命令。但是，每个看懂此命令的人都没宣读它。纸上写的是什么呢？

5. 出差在外的 A 先生，发现自己带走了家里的信箱钥匙，他用信封把钥匙寄给家人。但家人却依然无法使用信箱。为什么？

6. 距离地球数万光年的行星上，住着一位有正义感的超人。当超人使用超高性能望远镜观察地球时，发现外星人正欲毁灭地球。超人只要使用瞬间移动装置，便可于一秒内到达地球，他能拯救地球吗？

7. 某家纪念品店中的相机附有盒子，售价 310 元。相机本身比盒子高出 300 元，扣掉这个价钱剩下的就是盒子的费用。若以百元钞票只购买盒子的话，将找回多少钱？

训练四：如何使猫和狗不打架（创造性解决问题）

训练五：你能以一笔连续地画四条直线贯穿图中的所有点吗？（如下图所示，克服思维定势）

第二章 思维方式

学习要点 思维的分类方法有很多，在本章主要简单介绍几种思维的方法；除此之外，在本章也会对思维的价值进行系统的介绍。

学习思维方法，重点在于思，所谓思也就是“想”，就是开动脑筋，想办法，让人的大脑细胞处于活动的状态。一个正常的醒着的人，无时无刻不在想，想什么呢？有许许多多的想，如联想、回想、推想、幻想、梦想、猜想、构想、遐想、冥想、臆想、狂想、妄想……从思维科学上说，每一种想代表一类思想活动，也是一类思维方法的反映。生物学家查丁说过“人类思想不同于动物思维的地方是动物不知道它是在想，而人知道自己有思维。”这一点是很重要的，由于人的思考是自觉的行为，通过教育培养他们的思维能力才成为可能，并且可以控制人的思维活动，使之向着有利于发明创造的方向发展。

第一节 思维的类型

在心理学和思维学的文献中，思维的分类方法非常多，我们常见到的有如下的二元分类法：发散性思维与聚合思维；灵感思维与直觉思维；联想思维与想象思维；求同思维与求异思维；纵向思维与横向思维等，我们在本实训教材中会逐一训练。

一、创造性思维的类型

爱因斯坦曾说：“成功等于辛苦的努力加上正确的方法再加上少说废话。”这句话证明，要到达成功的彼岸，除了坚持不懈地努力外，还要掌握科学的、正确的、有效的思维方式和方法，创造性思维不仅是个体生存的基本能力，也是发展、成功的利器。

创造性思维，就是善于运用已经学习和掌握到的知识，对于未知的或者是普遍的人们习以为常但却包含着深刻奥秘的东西，进行有价值的推理和判断的一种开放性、能动性思维。

创造性思维可分为三种主要的类型：

（一）收敛型思维

这种思维类型的特点是继承性、推理性、专一性。

（二）立体型思维

其特点是平面性、开阔性、可塑性、软性发展，易取得宏观性创造。

（三）空间型思维

这类思维的特点是多维性、开放性、跃变性、整体性发展，充分反映了其创造性特征，易于取得综合性的空前创见和预见。

二、进取性思维

进取性思维，就是指一个人对于目标或理想执著不懈的追求信念。其主要特点表现为坚定性、果断性和执著性。拥有进取性思维是一个人勤奋努力获得成功的重要源泉。

了解了进取性思维，做下面的趣味测试。

选择	1 从不	2 偶尔	3 经常	4 总是

	1 2 3 4
1. 我发现保持乐观心情很难	□□□□
2. 我觉得生活抛弃了我	□□□□
3. 遇到厄运时，我向厄运屈服	□□□□
4. 我会使自己情绪低落	□□□□
5. 我总是想到最坏的方面	□□□□
6. 我以消极的语气与人交谈	□□□□
7. 我觉得自己没有价值	□□□□
8. 我对别人感到失望	□□□□
9. 我觉得世界充满危机	□□□□
10. 我容易回忆痛苦的往事	□□□□
11. 面对赞美我会局促不安	□□□□

12. 我觉得自己一无是处 □□□□
13. 我会被坏心情淹没 □□□□
14. 我容易愤怒 □□□□
15. 我无法实现我的人生理想 □□□□
16. 容易忧虑不安 □□□□
17. 人们说我是个悲观主义者 □□□□
18. 我很难自得其乐 □□□□
19. 缺乏自信 □□□□
20. 我做事没有动力 □□□□
21. 我的生命没有意义，缺乏目标 □□□□
22. 我没有舒适，安逸的生活环境 □□□□
23. 我觉得身体不适 □□□□
24. 没有人支持我 □□□□
25. 我的生活方式充满压力 □□□□
26. 我无法控制自己的生活 □□□□
27. 我的爱情生活不如意 □□□□
28. 我不满意我的工作 □□□□
29. 我缺乏成就感 □□□□
30. 失败的一天带给我很大的打击 □□□□
31. 我的危机一个接一个 □□□□
32. 我对自己所处的年龄段不满意 □□□□

第二节 思维的模式

现代生理科学对脑功能的研究表明：人的左、右脑半球具有不同的思维模式。

左半球（左模式）的基本特征是以语义的、逻辑和分析的方式进行思维，它擅长列举、归纳和阅读、写作、讲话、计算以及抽象表达等，属于线性思维，具有渐变收敛的特点。因为它能把复杂的文化或信息化解为可驾驭的文字、符号以及抽象概念，所以我们一般都倾向于左模式思维。

而右半球（右模式）却擅长非语义的、视知觉和形象的信息处理，能对同时和非同时发生的信息进行自觉的整体观照，能把握各种信息或问题的各部分的联系，并善于寻找其完整的组合方式，还善于不带任何偏见地容纳所有的(包括抽象的、相互矛盾的和模棱两可的)信息，并赋予它们形状，然后存于记忆。它对信息量、各种信息之间的关系和信息的矛盾状态能迅速而清晰地把握，却难诉诸语言，具有突变扩散的思维特点。

简言之，发散思维与收敛思维具有不同的思维特征：发散思维是海阔天空，无拘无束，开放式地思考问题；收敛思维较具逻辑性、集中性及系统性，不足之处在于缺少变化，表现单一。

【典型案例】

丁磊：我最大的收获就是学会思考

丁磊，1971年出生，1993年毕业于中国电子科技大学，1993—1995年就职于浙江省宁波电信局，1995—1997年就职于广州飞捷公司，1997年创办网易公司，担任CEO至2003年3月，以后辞职，转任首席技术执行官等职。2000年6月，网易股票在美国纳斯达克挂牌，2002年第二季度，网易首次实现净盈利，网易成为纳斯达克表现最优异的股票。2003年10月10日，网易股价升至70.27美元的历史高点，比年初股价攀升了617倍，比2001年9月1日的历史低点攀升了108倍。2003年《福布斯》把他选为中国首富的时候，他手上仍控制着网易58.5%的股份。丁磊成为第一个靠做互联网做成富豪的国内创业者，成为中国新首富。2005年11月丁磊再次复任网易CEO。

丁磊认为，也许每个人的天赋会有所差别，但作为一个年轻人首先要有理想和目标，要有勤于思考的习惯。无论工作怎么变动，重要的是要怀抱思想，而且决不放弃努力。

丁磊最难熬的日子是2001年9月4日。这一天，网易终因误报2000年收入，违反美国证券法而涉嫌财务欺诈，被纳斯达克股市宣布从即日起暂停交易，随后又出现人事动荡。丁磊经历了无数个不眠之夜，但艰难并没有把他压倒。

从垃圾股到今日的中国概念”明星”，网易的转变让人觉得像个神话。对此，丁磊说："我已经32岁了，从意气风发的时期到了成熟思考的阶段。因此我的心情不会随股价的涨跌而变化，特别是我个人不会因为财富的多少而影响到我的未来生活、工作及思考问题的方式。"

【提问】

丁磊作为新生代科技富豪的代表，影响他走向成功的主要思维理念是什么?

第三节 思维训练的价值

思维训练的价值是创新思维训练中最基本的问题之一，它是人们进行创新思维训练所遇到的实实在在而又必须认真思考的问题。但是，在实际的教学活动中，这个问题被当作了简单而不证自明的问题。其实价值是与需要紧密相关的，它是客体在满足主体的需要时向主体呈现出的意义。可见，价值的根源在于主体需要的出现，价值的表现在于客体对主体需要的满足。所以价值是主体与客体之间的一种特殊关系，它属于关系范畴，不属于实体范畴。

思维训练作为一种客体存在，在与众多价值主体(教师、学生)相互作用的过程中，表现出来的价值形态十分复杂。经过仔细分析，可以发现，思维训练针对不同的价值主体至少包括两方面的价值。

(一)社会性价值

社会性价值是指思维训练对一定社会的存在及其发展所呈现出的意义。思维训练着眼于人类精神与实践能力的培养，把一个个“自然人”提升为“社会人”“文化人”“创造人”，使他们成为既能秉承人类文明成果、又能运用智慧和力量推动人类文明进程的主体责任人。这满足了人类文明赖以存在和发展的物质与精神条件的需要，推动了人类文明的进程，是思维训练社会性价值的集中体现。

(二)个人价值

思维训练不仅具有社会性价值，而且对于人类个体的存在和发展也具有重要的意义。这种意义就是思维训练个体性价值的体现。一个人要生存，要发展，要享受生活的幸福，首要的条件是个人要具备生活和享受生活的能力。当今社会，思维训练之所以被人们广泛重视，主要是因为它能够赋予个体生存，发展的能力，能够改善一个人的精神的面貌，能够提升一个人的实践水准，能够关照个体生活的意义和质量。

【训练】写一篇自传

只有在正确认识自己的前提下才能建立起创造性思维理念，进而产生创新的行为。回顾自己的过去，围绕下列 10 个问题，从思维的角度写一篇自传：

1. 我生活中最有意义的 10 次经历是什么？
2. 我的哪些早期经历对形成我的行为产生了影响？是什么影响？
3. 我生活中做得最好的 12 件事是什么？
4. 我生活中做得最坏的 12 件事是什么？
5. 对我的观念和行为的形成产生最大影响的 12 个人是谁？
6. 我生活中什么时候最幸福？为什么此时比其他时候幸福？
7. 我生活中什么时候最悲哀？为什么此时比其他时候悲哀？
8. 我从自传中发现自己最有意义的事是什么？
9. 阅读自传后，我想在哪些方面改变自己？
10. 我怎样计划未来才能掌握自己的命运？我对未来有什么要求？

对每个问题都要仔细思考并给予最充分的回答。认清自己过去的行为，但不要评价或批评自己。从过去的经历中吸取经验，这样才能充分利用现在，拓展自己思维的路径。

第三章 创新思维的盛行

学习要点 通过前几章的学习，我们对思维有了大致的认识。本章着重对思维的一种方法，即创新思维进行详细的介绍，以便在以后的学习中能灵活地运用。

创新，是指冲破旧的思想、旧模式的束缚，想出新方法，建立新理论，做出新成绩或新东西。但对学生而言，这里提出的“创新”不同于科学家、艺术家的创新，而是指学生在学习过程中，不拘泥于书本、不迷信于权威、不依循于常规，而是以已有的知识为基础，结合当前的实践独立思考，善于发现和认识有意义的新知识、新思想、新思路、新方法，掌握其中蕴含的基本规律，并具备相应的能力，为将来成为创新型人才奠定扎实的基础。

有这样一句话几乎人人耳熟能详：“天才是1%的灵感加上99%的汗水。”这句爱迪生的名言，让我们懂得勤劳可以造就出天才。其实不然。因为在这句话的原文后面，还有这样一句很关键的话：“但那1%的灵感是最重要的，甚至比那99%的汗水都要重要。”

爱迪生向我们传达出什么？成功不单单是汗水那么简单，那灵感究竟又是什么？

灵感，其实就是一种卓有成效的思考方法，引领人们发现新的途径的一种方式，一种崭新的思维方式。本质上，就是一种创新思维的化身(影子)。

回顾历史长河，从古到今，从古代四大发明，到近代工业制造，小至企业发展，大至社会行业兴衰，都离不开创新思维因子的渗透作用。勤劳并不能带来本质性的改变，汗水不能提升社会的进步和发展，而创新性和创作力却能！

时光车轮行至21世纪，电子计算机出现，令如今的时间网络普及、新行业不断诞生、人类工作方式、人际沟通途径等诸多方面都发生了巨大变化，世界进入了前所未有的新时代，而新的多个行业，如创意产业和信息产业发展的基石就是创新思维，人类日常的经济生活没有像历史上任何一个时代，如此依赖创新思维的作用。

第一节　创新思维

创新与创新思维。什么叫创新呢？创新是对当今世界，在我们国家出现频率非常高的一个词，同时，创新它又是一个非常古老的词。在英文中，创新(Innovation)这个词起源于拉丁语。它原意有三层含义，第一，更新。第二，创造新的东西。第三，改变。创新作为一种理论，它的形成是在20世纪。由一个学经济学、学管理学的人，美国哈佛大学教授熊彼特，在1912年第一次把创新引入了经济领域。换句话说，从经济的角度他提出了创新，他认为创新就是要建立一种生产函数，实现生产要素的从未有过的组合。

对创新我们有多方面的理解，说别人没说过的话叫创新，做别人没做过的事叫创新，想别人没想的东西叫创新。我们之所以叫它创新，因为它改善了我们的工作质量，改善了我们的生活质量，提高了我们的工作效率，对经济、对社会、对技术产生了根本影响。所以我们叫它创新，但是创新不一定非得是全新的东西，旧的东西以新的形式包装一下叫创新；总量不变改变结构叫创新；结构不变改变总量叫创新。

有一个公司，它通过很多方法提高劳动生产率，却发现有四个车间的劳动生产率无论采取多少方法进行提高，当其达到一个临界点，再提高非常困难。该怎么提高劳动生产率？有的人出了个主意：分析这四个车间的员工的构成。发现第一个车间都是男孩，于是就加了几个女孩进去，效率就大大提高了。第二个车间都是一些青年人，于是加了几个中老年进去，老成持重，效率提高了许多。第三个车间都是中老年人，于是加了几个年轻人进去，有新鲜活力，效率也提高了。那么第四个车间呢？有老的少的，有男的女的，怎么提高效率？经过分析发现，这个车间都是本地人，于是加了几个外地人进去，效率也大大提高了。还是这么多人，就把结构变换一下，这就叫创新。所以创新到处有，创新就在我们身边。

创新思维，它有很多特点。比如它有理性的、非理性的，有相同的、相异的。创新思维，它最大的特点是：相异性、差异性。同样一个问题，不同的人有不同的思维，同样一件事，不同的人也有不同思维。

举一个案例，两个推销人员到一个岛屿上去推销鞋。一个推销员到了岛屿上之后，就发现这个岛屿上每个人都是赤脚没有穿鞋的。他气馁了，没有穿鞋的，推销鞋怎么行，这个岛屿上是没有穿鞋的习惯的。于是他马上发电报回去，鞋不要运来了，这个岛上没有销路的，每个人都不穿鞋的，这是第一个推销员。第二个推销员来了，高兴得几乎昏过去了，这个岛屿上的鞋的销售市场太大了，每一个人都不穿鞋啊，要是一个人穿一双鞋，那是一个很大的市场，马上打电报：空运鞋来，赶快空运鞋。同样一个问题，不同的思维得出的结论是不同的。

思维有多种形式，有抽象思维、概念思维、逻辑思维、形象思维、意象思维、直感思维、社会思维、灵感思维、反向思维、相关思维等。创新思维是其中一个。那什么叫做创新思维呢？创新思维就是不受现成的常规的思路的约束，寻求对问题的全新的独特性的解答和方法的思维过程。创新思维是相对于传统性思维，创造性思维是所有人都有的。但是，不是所有的人都能够用它，大量的创新思维被埋没了。比如小学生问老师："老师，天上有一个太阳，会不会有两个太阳？"老师说："国无二君，天无二日，怎么会有两个太阳。"这样，小孩的创新思维就被泯灭了。天上可能就有两个太阳，五个太阳。宇宙无限，银河系太阳系可能有很多。我们每一个人都有，平常人是传统性的思维，常规性的思维占主导，所以他的创造力发挥不出来。

为什么要有创新性思维。有一个伟大的科学家，相对论之父爱因斯坦在1936年10月15日，在美国高等教育纪念高等教育300周年的纪念大会上，他有一段讲话。他说没有个人独创性和个人志愿的统一规格的人所组成的社会将是一个没有发展可能的不幸的社会。我们人类社会就是一部创新的历史，人类社会发展的历史，就是一部创新的历史。

（一）前提

什么前提？创新思维是创新实践，是创造力发挥的前提。思路决定出路，格局决定结局，思维、思路，思路决定出路。举个简单的案例，美国的大片《泰坦尼克号》是一个致命的思维错误。它错误错在哪儿呢，它认为船造得越大就越不会沉，越不会翻船。可是是船都有可能沉。在这个思维前提错误的情况下，所以必要的救生艇救生衣它没带够的。翻船了，倾斜了，沉船了。救生艇救生衣不够，死了很多无辜的人。所以我们说，创新思维是创造性实践的前提，是创造力发挥的前提。

（二）它不仅是前提，也是企业竞争的法宝

创新思维是我们一个单位、一个地区、一个国家竞争的法宝。今天的社会是竞争的社会，靠什么竞争，靠特色、靠创新、靠点子、靠思路。所以创新思维是个法宝。

（三）育人

创新思维对我们培养人，培养人才，培养高素质的人才非常有重要性。我们现在由于旧的教育制度，创新性还是不够的，启发性还是不够。老师讲课的典型的方法是，第一章第一节，大一二三，小 123，（1）（2）（3），ABCD。层次清楚，逻辑性强。于是学生记笔记整理笔记，背笔记考笔记，最后掌握的是一本笔记。我们非常缺乏的是创新性的创造力发挥的这样的人才。所以给我们的中国教育，给我们大学的教育，给我们中小学的教育，幼儿园的教育，家庭的教育，给社区的教育，社会的教育，提出了一个非常非常重要的课题，育人要在创新思维，创造力发挥方面下工夫。

（四）作用

创新对我们每项工作都有作用。两个大学生小张和小王毕业了，分配到一个公司去工作，两年过后，公司老总提拔了小张当副科长，小王心理不平衡了，我们两个不是一块来的吗，工作我们都非常努力，怎么提拔了小张，不提拔我啊。找到老总说："老总，你交给我的任何工作，我都踏踏实实完成了，怎么提拔小张不提拔我，我心理不平衡。"老总非常有耐心，说："小王，我可以和你说清楚。但是先帮我干一件事吧，下午四点半，你到街上隔壁的自由市场上去，你看有什么东西卖没有，回来跟我说一声。"小王说那好，我去看一下。小王去了，一会儿就回来了："老总，市场上有个农民推了个手推车，在卖土豆马铃薯。"老总说："好，这一车土豆大概有多少斤呢？""老总我没问，我去问一下。"不一会儿又回来了，"一车土豆 300 多斤。"老总说："它大概多少钱一斤呢？""噢，这个问题我还没问，那我去问一下。"一会儿回来了。"八毛钱一斤。"老总说："要是我全部 300 多斤都买了，他少不少啊？""这个问题我要去问一下，老总你等一会儿。"一会儿回来了。"老总，六毛钱一斤他就卖。300斤呢，他六毛钱一斤就卖的。”老总看他跑了四趟，汗水出来了，端一杯热茶过去。“小王你坐下休息一下。”又把小张叫过来：“小张你到隔壁市场上去看一下有什么东西卖没有，回来给我讲一下。”小张过了一会儿回来了：“老总，有个农民推着一车土豆在卖。”老总说：“大约有多少斤重啊?”“老总，顺便问了一下，300斤多一点。”那老总说：“多少钱一斤呢?”“老总，我也顺便问了一下，八毛钱一斤。”老总说：“全部买了，他少不少?”“老总，我顺便问了一下，六毛钱一斤他就卖。”老总说：“叫他来，我们都买了。”“我已经叫到门口了，只等你一声令下就进来。”小王一看到这个全过程，说道：“老总，我继续干，我会好好干的。”老总希望有踏踏实实干工作的人，但是更希望有创新思维，能创造性地理解老总意图的人才。

第二节　创新思维能力的培养及方法

一、发展创造机会的方程式

创造力与智力密切相关。就个体而言，创造力是智力、年龄、创造动机、创造方法与相关知识的函数，其方程式是：

创造力 = 智力 × 创造动机 × 创造方法 × 相关知识

上述公式说明，个体的创造力并不是无时不在的能力。平时我们常说某人富有创造力，这应该是指该人在某一领域或某一范围内富有创造力。以上公式只是表示一种相对的概念，不能生搬硬套。方程中的各变量并不是量上的直线关系。心理学研究表明：创造的最佳年龄是35～45岁之间。

二、培养发散性思维和聚合性思维能力

从创造过程的心理机制而言，创新的关键是思维，而创新思维是发散性思维和聚合性思维的统一。发散性思维与聚合性思维是创新思维的必要组成部分，对创新思维而言，他们二者缺一不可。聚合性思维是创造性的必要成分，而发散思维为其主要成分。心理学家认为，那些在聚合性思维测验中表现出色的儿童及成人的智力较高；而那些在发散思维测验中表现出色的儿童及成人则具有一定的关系。心理学家认为，发散思维测验能在一定程度上预

测儿童的艺术创造才华。托兰斯则发现，从个体在高中时期所表现出来的发散性思维水平可以预测其 12 年以后的创造性成就。可见，发散性思维与创造能力关系密切，发散思维能力的提高有助于创造能力的提高。一些发散性思维训练，如一题多解、发散思维同题（如报纸有多少用途），能够有效地提高大学生的发散思维能力。

通过参加科研活动，大学生能够逐步具备初步的科研能力。通过系统的科研训练，大学生可以掌握科研的步骤。一般地说，科研步骤主要有：①选题；②查阅文献及初步调查了解；③制定研究工作计划；④收集并整理资料；⑤分析研究；⑥撰写报告。可以掌握科研的方法，如观察法和调查法、实验法和追因法、经验总结法、比较法、历史法与文献法、统计法与测量法等。同时可以把课堂上所学到的知识运用到科研课题的分析研究中去，从而激发学习兴趣；使大学生所从事的、与社会生活和生产紧密联系的一些科研课题及其成果能够产生应有的社会效益和经济效益。

三、超前思维的培养

超前思维是一种行动前的猜想，是超越于人们实践活动的思维，是对将要发生事物的科学预测。超前思维是一种指向未来的思维过程的思维方式。

培养超前思维需要从两个方面入手：一是目标明确。远大的理想能引导人们不断超前探索，而明确的目标则能赋予人们超前思维的力量。二是优化知识结构。要善于将多种知识相互交叉、碰撞、渗透和结合，使自己的知识结构广博专精。这样坚持不懈的努力，就能渐渐地培养并提高自己的超前思维。

四、思维深刻性的培养

思维的深刻性是指善于深入思考问题，抓住事物的规律和本质，预见事物的发展进程。思维的深刻性是一切思维品质的基础。培养思维的深刻性，首先是要扩大知识面。充分了解自身的知识范围、知识掌握程度等对于思维活动的深入展开具有重要意义。其次，要掌握逻辑的思维方式，防止思维的片面性和局限性。

五、思维灵活性和敏捷性的培养

思维的灵活性和敏捷性，是指在具体思维操作中善于随机应变，灵活地改变加工信息的方法，迅速地发现问题、解决问题。开展广泛的联想，举一反三、触类旁通，从多个角度提供解决问题的可能答案，可以培养思维的灵活性和敏捷性。如面包、馒头发酵后因产生的气泡而变得多孔和松软。这一现象经触类旁通推广应用后，就产生了泡沫塑料、泡沫砖、泡沫冰激凌等众多新产品。

六、思维创造性的培养

思维的独创性是指善于通过独立思考提出有社会价值或个人价值的新颖思想或创造出新产品。培养思维的独创性，首先要注意知识的概括化和系统化。概括化和系统化的知识是浓缩了的知识，易于发生知识的迁移，并有助于在知识迁移过程中创造出新概念和新产品。

七、思维批判性的培养

思维批判性是指不受外界干扰，冷静思考、严格评价、优化选择解决问题的途径和方法。思维批判性的培养，首先要积极培养与其相关的个性品质，比如勇气、自信、质疑、探索、进取、求知等。其次，要有意识地培养辩证逻辑思维方式。创新思维需要批判传统的思维，突破习惯的，寻求全新的解决问题的思路心理学用“智力商数”即“IQ”来表示一个人的智力水平。

智商通常的算法为“心理年龄 ÷ 实际年龄 × 100”。经过研究划分，智力水平可分为 7 个等级：

(1)IQ 值大于 140 的是天才；

(2)在 120 ~ 140 之间的智力非常优秀；

(3)在 110 ~ 120 之间的智力优秀；

(4)在 90 ~ 110 之间的智力平常(大多数人)；

(5)在 80 ~ 90 之间的智力偏低；

(6)在 70 ~ 80 之间的智力有些缺陷；

(7)小于 70 的属于低能。

思维作为当代大学生能力素质结构，希望在日常学习生活中注意自己思维的培养，同时要认真地投入以下的思维训练中，认真联系课本，并积极配合，达到训练的目的。

八、培养创新思维的方法

第一，我们要打破创新性思维的障碍。主要有三大障碍。第一，思维定势。你的思维定在那儿了，你的思维进了牛角尖，出不来了，那你的创新思维就不可能展现出来，那一个人的思维为什么会定在那儿，动不得了。为什么进了牛角尖，进了死胡同，就出不来了，这个思维定势是怎么产生的呢？一个是权威，一个是从众，权威说过了，我们就没法说了，我们就定在那儿了。还有从众心理，就是个体顺应了群体，盲目地有理无理地顺应了群体。另外还有经验和情感。这四大因素使我们的思维定在那儿了。

有一个小学的老师，给学生出了一个考题："同学们，现在我要提问题问大家。在一条船上有75头牛，有32只羊，问船长的年龄有多大？"抽样调查的结果，一个班有78%的学生，都是75减32，船长43岁，75头牛减32只羊，船长43岁。这是一道没有答案的题啊，船长的年龄，和75头牛，和32只羊有什么关系，是没有关系的。可是小学生一看，这个问题出来了，肯定有标准答案，他们还是动了脑筋了，他们一相加，也一想，一加，75加32，107岁。107岁能开船吗？早就退休了。他们一除，一除出来，75除32，二点几岁。又一乘起来，2000多岁，他动脑筋了，75头牛减32只羊43，43岁开船不正好吗，这就是思维定势就定在那儿了。有一句经典的语言叫做：思维一旦进入死角，其智力就在常人之下。你的思维一旦进入死角，进入定势，你的智力，再聪明的人的智力就在常人之下。所以，我们既然创新思维要具备，首先是要把思维定势要打破。

第二，我们要思维创新，要打破第二个思维惯性，即习惯性思维，传统性思维，思维惯性。举个例子，老师问小学生："同学们，现在有一个聋哑人，又聋又哑，说不出话来，也听不见。他到五金商店去买一个钉子，他说不出话就怎么办？比划。结果售货员知道了他的意思后，把他想要的东西拿给了他。后来又有一个盲人，他要买剪刀，我们怎么用最简洁的方式表达？"学生们说："老师，老师我们知道，现在不能这样比划了，要这样比划。"全班同学都赞成这样比划，老师说他不需要比划，他直接说买剪刀，因为他是盲人，虽然眼睛看不到了但是嘴巴会说。这个案例里面前面就是比划，老是比划比划，把你的思维引进比划的思维定势上了，叫思维惯性。除了这个以外，我们还要打破一个叫思维封闭。你站得层次太低了，没有站得很高，思维封闭了，当然就不能创新了。思维封闭，要打开思维的空间。

这里有个案例，叫做避免霍布森选择。避免霍布森选择是什么意思呢？300多年前英国伦敦的郊区，有一个人叫霍布森。他养了很多马，高马、矮马、花马、斑马、肥马、瘦马都有。他就对来的人说，你们挑我的马吧，可以选大的、小的、肥的，可以租马、可以买马。别人非常高兴去选马了，但是整个马圈它旁边只有个很小的门，你选再大的马也出不来的。后来获得诺贝尔奖的一个叫西蒙的人，就把这种现象叫做霍布森选择。就是说，你的思维你的境界只有这么大，没有打开，没有上层次，思维封闭。那怎么办呢？我们要采取多向思维法，打开了，我们采取多向思维法。第一，顺向思维。顺向思维是什么？就是按照逻辑按照规律按照常规去推导。第二，除了顺向思维以外，我们还有逆向思维，也叫反向思维。比如美国著名的物理学家费曼，在1959年他做了个报告：《在底部还有很大的空间》，他就有个著名的理论叫费曼设想。《在底部还有很大的空间》是什么意思？我们从小接受教育，叫做铁棒磨成针。贪玩出来，看到老太太磨铁棒，问她磨它干啥。她说磨针。我们的思维都是把这个大的物件把它加工成拆分成小的。费曼这个物理学家就提出，把很小的东西加工成大件，完全思维倒过来了。20世纪80年代出现了纳米技术，就是根据费曼设想来的逆向思维。第三，除了逆向思维以外，还有转向思维。转向思维包括前向思维，后向思维，由上而下的思维，由下而上的思维，还有要借脑思维，借人家的大脑来思维，都是创新思维。

创新思维的培养有很多具体训练方法，目前已经开发出来的有几百种，常用的也有几十种。本节实训课介绍几种常见的创新思维的训练方法。

（一）相互讨论法

相互讨论法有助于培养大学生的创造性思维能力。学习上或课堂上的共同讨论和切磋，能有效地提高大学生的学习成绩。华森曾以68名大学生做试验对象，令其做需要思考与想象的作业。一组学生单独作业，另一组学生共同讨论进行学习。结果发现共同讨论组的成绩较独自作业者为优。在共同讨论中，共同思考比个别思考具有更多的优越性。美国薛奥根据自己对共同讨论可以增进思考的正确性。共同讨论中很多人的头脑在思考同一个问题，知识量总是大于一个人的，这种思考和解决问题的方式，一方面能够提高对问题认识的广度和深度，另一方面在讨论中能够相互启发，取长补短，看到自己的长处后能够产生一种成就感，提高学习自信心。

（二）头脑风暴法

该方法由美国 BBDO 广告公司创始人奥斯本于首创，其基本原则为：在许多观念产生之前暂缓评头品足，要让与会者畅所欲言，提出多种方案，再从中挑选最佳或者满意的解决方案。

（三）分合法

该方法也是一种广告创意会议方式，只是其操作手段较为特殊。它通过同质异化（由合而分）或异质同化（由分而合）的途径，使熟悉的事物变得新奇或使陌生的事物变得熟悉，为现代设计科学方法之一。该方法原是由美国哈佛大学戈登教授于 1944 年提出的，亦称提喻法、综摄法等。

分合法的实施，可分解为三个有效步骤：

（1）模糊主题。主持人将与广告创意课题本质相似的问题在会议上提出讨论，而把创意广告的主题目标和具体要求加以隐匿。

（2）类比设想。因为问题目标十分抽象，与会者则可以自由畅想，问题的讨论因而延展得漫无边际。当某些见解对于揭示广告主题有利时，主持人则及时加以归纳、予以指导。

（3）论证可行。

（四）对演法

对演法与头脑风暴法正好相反，主持人将方案交由不同的小组去制订，然后开会辩论。对于相同的肯定意见一概不提，专门挑刺，互攻其短。通过这种方法来尽量分析可能发生的事情，用于发现不足，完善方案。

（五）哥顿法

该方法是哥顿于 1964 年提出，是一种与头脑风暴法类似的智囊技术，其特点为：①除主持人外，参加会议的人并不知道要解决什么问题；②主持人事先将要研究的问题进行适当的抽象后再将问题交与会者讨论；③要求与会者畅所欲言，对抽象问题提出不同的解决方案，在适当的时机才将原来的具体问题提出，哥顿法的优点在于先把问题抽象化，以避免受现有事物的约束，便于提出创新的方案。

(六)联想类比法

联想是由一个事物想到另外一个事物，可分成接近联想、类似联想、对比联想、因果联想、从属联想、遥远联想等。例如薯片包装问题，若采用纸的包装方式与标准包装袋，虽然廉价但不结实，薯片在运输过程中可能受到挤压破碎。研究人员从薯片联想到干树叶的易脆性，又联想到湿树叶不怕挤压易于保存的特点，从中获得启发，采用了将湿薯片压型后再包装的方案，这一类比构成了普林格尔薯片生产线的基础。

(七)系统设问法

系统设问法包括5W2H，即：Why(为什么)、What(做什么)、Who(何人)、When(何时)、Where(何地)、How to do(如何做)、How much(有多少)等。

第三节　创新思维的过程与训练

创新思维是极其复杂的心理活动，不同的人，不同的创造环境和创造对象，其思维过程有着明显的差异。许多心理学家对创新思维过程进行研究，产生了多种理论，其中比较典型的是“过程”论，其代表人物是美国心理学家华莱士。“过程论”认为：人的创新思维的产生和发展，是以发现问题为中心，以解决问题为目标的高级心理活动。任何创新思维都必须经过四个阶段，即准备阶段，酝酿阶段，顿悟阶段和验证阶段。

一、准备阶段

创新思维是从发现问题，提出问题开始的。提出问题后必须着手为解决问题作充分的准备。这种准备包括必要的资料收集，必需的知识和经验的储存，技术和设备的筹集以及其他条件的提供等。在创造之前必须对前人在同一问题上所积累的经验有所了解，哪些问题已经解决，解决到什么程度，哪些问题尚未解决作深入的分析。这样既可以避免重复前人的劳动，又可以使自己站在新的起点从事创造工作，从前人的经验中获得有益的启示。准备阶段常常要经历相当长的时间，需要收集大量的有关资料。

二、酝酿阶段

酝酿阶段要对前一阶段所获得的各种资料和事实进行消化吸收，从而明确问题的关键所在，并提出解决问题的各种假设和方案。此时，有些问题虽然经过反复思考，酝酿，仍未获得完美的解决，思维常常出现“中断”，想不下去的现象。这些问题仍会不时地出现在人们的头脑中，甚至转化为潜意识。不少创新者在这一阶段常常表现为狂热和如痴如醉。这个阶段可能是短暂的，也可能是漫长的，创新者的观念仿佛是在“冬眠”，等待着“复苏”，“醒悟”。

三、顿悟阶段

经过酝酿阶段对问题和处理甚至是长期的思考，创新观念可能突然出现，思考者大有豁然开朗的感觉，这一心理现象就是“灵感”或“灵感”思维。灵感的来临，往往是突然的，不期而至的，有时甚至是戏剧性的。如德国数学家高斯，为证明某个定理，被折磨了两年仍一无所得，可是有一天，正如他自己后来所说：“像闪电一样，谜一下解开了。”

四、验证阶段

思路豁然贯通以后，所得到的解决问题的构想和方案还必须在理论上和实践上进行反复论证和修改，验证其可行性。经验证后，有时方案得到确认，有时方案得到改进，有时甚至完全被否定，再回到酝酿期。总之，灵感所获得的构想必须经过检验。除了上述四阶段论外，还有人提出“寻找事实—寻找构想—寻找答案”的三阶段论，“新问题—力求解决—潜伏—顿悟—验证”的五阶段论以及“顿悟论”。但大多数创造学家倾向于四阶段论。

训练题

以下是量表测试，请认真作答，要求真实。

训练一：

测验时，只要在每一句话后面，用一个字母表示你同意或不同意，同意的用A，不同意的用C，不确定或不知道的用B。但是，回答必须准确、忠实，不要猜测。

1. 我不做盲目的事，也就是说总是有的放矢用正确的步骤来解决每一个具体问题。

2. 我认为，只提出问题而不想获得答案，无疑是浪费时间。

3. 无论什么事，要我发生兴趣，总比别人难。

4. 我认为，合乎逻辑的，循序渐进的方法是解决问题的最好方法。

5. 有时，我在小组里发表的意见，似乎使一些人感到厌烦。

6. 花费大量时间来考虑别人是怎样看待我的。

7. 做自认为是正确的事，比力求博得别人的赞同要重要得多。

8. 我不尊重那些做事似乎没有把握的人。

9. 我需要的刺激比别人多。

10. 我知道如何在考验面前，保持自己的内心镇静。

训练二：

仔细阅读下列各题，并在你认为最符合自身情况的条目上打对号。

1. 与别人发生意见分歧时，你是：

(1)考虑别人意见的合理性（A）

(2)千方百计维护自己的观点（C）

(3)怀疑自己的观点（B）

2. 对老师、领导和长者的意见，你是：

(1)原封不动地接受（C）

(2)有些疑问和想法（B）

(3)同自己原先的想法结合起来（A）

3. 闲暇时，你喜欢：

(1)打桥牌、下围棋、下象棋（A）

(2)看侦探小说、惊险影片（B）

(3)看滑稽有趣的闹剧，同别人聊天（C）

4. 星期天上公园，你喜欢：

(1)总是上某个公园（C）

(2)经常变换场所（A）

(3)听听爱人和孩子的意见（B）

5. 你对做智力游戏：

(1)无所谓（B）

(2)不喜欢（C）

(3)很喜欢（A）

6. 针对眼前的某件东西(例如铅笔)，你能想出它的几个新用途?

(1)2 个以上（C）

(2)8 个以上（B）

(3)15 个以上（A）

7. 假若刷牙时发现牙出血，你是：

(1)想到牙刷不好（C）

(2)担心是牙周炎（B）

(3)设法使牙不出血（A）

8. 当有人向你提没有用的建议时，你是：

(1)不予置理（C）

(2)看看有没有可取之处（B）

(3)问他还有没有别的建议，鼓励他多提（A）

9. 做错了事情以后，你是：

(1)长久懊悔（C）

(2)找客观原因（B）

(3)寄希望于下次（A）

10. 你买了比较贵重的东西后，常常是：

(1)舍不得用（C）

(2)为了方便，不惜稍作改变（A）

(3)直接使用（B）

以上测量的分别是问题解决的能力和创造性思维的能力，我们在前面已经说过，除了要知道您的这两方面的能力，我们还要了解您的创造性思维方式，也就是创新态度的差异性，请注意创造能力和创造性思维方式是有差异的，一方面是看有没有创新的能力，一方面是看是否乐于或者主动去寻求创新，但不要混淆。

训练三：

下面的一组试题是根据美国著名心理学家托拉斯的研究成果编成的，可用来自我测定创造个性。

对于下面的每一个问题，如符合你的情况，请在(　)里打对号，不符合的则打叉。

1. 在做事、观察事物和听人说话时，我能专心一致。(　)
2. 我说话、作文时经常用类比的方法。(　)
3. 能全神贯注的读书、书写和绘画。(　)
4. 完成了老师布置的作业后，我总有一种兴奋感。(　)
5. 我不大迷信权威，常向他们提出挑战。(　)
6. 我很喜欢(成习惯)寻找事物的各种原因。(　)
7. 观察事物时，我向来很细致。(　)
8. 我常从别人谈话中发现问题。(　)
9. 在进行创造性地工作时，我经常忘记时间。(　)
10. 我总能主动地发现些问题，并能发现和问题有关的各种关系。(　)

思维训练练习题汇总

训练一：过程思维视角/环境思维视角

【思维工具】

过程思维视角——从过程的角度看问题。

环境思维视角——从环境的角度看问题。

在自然界，不论是飞鸟还是游鱼，不论是老虎还是蚂蚁，它们都有自己固定的活动轨迹，这些活动范围则被称之为生存环境。

过程和环境这两个概念不仅存在于自然世界，也存在于人类社会，比如从宏观来看，人类的进化发展历史就可视为人类社会在时间的长河中留下的一条长长的轨迹，而地球就是人类各民族兴衰变迁的大环境。通过对轨迹的研究和环境的研究，我们就可以超越具体的个人或一代人的局限，在一个较大的时间和空间尺度内来研究人类的历史。

过程思维视角和环境思维视角对我们认识问题和解决问题是很有帮助的，通常人们发现事物的规律，就是通过对事物循环运动过程的抽象概括得出来的。另外，影响某一事物发生发展的条件，实质上就是事物生存发展环境的一种“无形”表现形态。

过程思维视角和环境思维视角都是抛开事物本身的具体形态，纯粹从其外部来研究事物的属性，这种研究方式和角度具有化繁为简的功效，对于一些比较复杂的事物或者事物内部不便于剖析观察的部分，我们可以通过对其运动过程和生存环境来掌握一些基本的规律。例如，人们常说的“路遥知马力，日久见人心”这句话，就是一种通过观察长期的言行过程来判断一个人内心世界真实情况的智慧。

需要指出的是，虽然过程思维视角和环境思维视角都是从外部来观察分析事物，但它们在使用方面还是各有侧重，过程思维视角是一种纵向的、单维的思维视角，侧重于研究事物运动变化的规律；环境思维视角，是一种横向的、多维的思维视角，侧重于研究事物的生存发展条件，以及与外界其他要素之间的互动关系。

【思维原理】

过程——事物运动变化的轨迹。

环境——事物生存发展的界面。

过程属性——事物运动变化的规律。

环境属性——事物生存发展的条件。

循环的过程具有规律性，非循环的过程没有规律性。

每一个过程都可以划分为起点、轨迹、终点这三个部分。

任何事物都有自己的运动过程，这个过程或者表现为时间性的，或者表现为空间性的。例如：产品的制造过程、万物的生长周期。

任何事物都有自己的生存发展环境，不存在脱离环境独立生存的事物。

环境的变化会影响到事物的生存、发展或消亡。

事物并非独立于环境之外，而是环境的一个有机组成部分，因此，事物对环境具有能动作用，可以改变环境、影响环境。

【思维法则】

事物的过程模式包括多种类型，有直线型、曲线型、波浪型、循环型、螺旋型等。

起点微小的差异，有可能造成终点的巨大偏离。这也就是人们常说的：失之毫厘，谬之千里。

要到达同一个终点，可能存在多种道路选择，所谓条条大路通罗马就是这个道理。

向反向的方向运动，最后的终点有可能相同。如反其道而行之，殊途同归。

事物的过程中存在着许多突变点，这些关键点上事物的运动发展轨迹存在着多种选择方向。

事物的环境包括多种类型：有封闭型、开放型、平面型、立体型等。

同样的事物，在不同的环境中其价值和功能有可能不同。

小的环境所提供的发展空间是有限的，这就像小池塘不可能养大鱼一样。

人类社会是一个多维的复合型环境，每个人都同时生活在数个环境之中，这些环境包括：工作环境、家庭环境、交际环境、城市环境等。

人有选择环境的自由，更有创造环境的能力。

顺应大环境的变革趋势是生存和发展的第一法则。在大变革时代，既不是强者生存，也不是智者生存，而是适者生存。

【思维案例】

亚默尔卖水

19世纪中叶，美国加州传来发现金矿的消息。许多人以为机不可失，时不再来，纷纷奔赴加州。17岁的小农夫亚默尔也加入了这支庞大的找金热的队伍。他历尽千辛万苦赶到加州，经过一段时间，他同多数人一样，没有能挖到一点金子。淘金梦是美丽的，山谷中的艰苦生活却难以忍受。特别是气候干燥，水源奇缺，寻找金矿的人最痛苦的是没有水喝。许多人一面寻找金矿，一面不停地抱怨。

甲嘀咕："谁让我喝一壶凉水，我情愿给他一块金币。"

乙宣布："谁让我痛饮一顿，我给他两块金币。"

丙发誓："老子出三块金币。"

这些人发完牢骚后又继续挖掘起金矿来。亚默尔却想：如果将水卖给这些人喝，也许比挖金矿能更快赢到钱。于是他毅然放弃找矿，将手中的铁锹由挖金矿变成挖水渠，从远方将河水引进水渠。经过细沙过滤，成为清凉可口的饮用水。然后将水装在桶里，运到山谷一壶一壶卖给找金矿的人痛饮。当时有人嘲笑他胸无大志，千辛万苦赶到加州来，不去挖金子发大财，却干这种蝇头小利的买卖。这种小生意在哪里不能干，何必老远跑到这里来，亚默尔毫不介意，继续卖他的饮用水。结果许多人深入宝山空手而回。有些人甚至忍饥挨饿，流落异乡，而他在很短的时间内靠卖水赚到了6000美元，当时这是一笔很可观的财富了。

【思维训练】

(1)用过程思维视角分析本案例中亚默尔成功的奥秘。

(2)分析反其道而行之却能成功的原因。

训练二：有利思维视角/有害思维视角

【思维工具】

有利思维视角——从有利的角度看问题。

有害思维视角——从有害的角度看问题。

在现实工作生活中，人们经常会把周围的事情划分为有利的或有害的，对有利的事情人们的态度是多多益善，对有害的事情人们则是避而远之。但是，要真正弄清楚什么是“利”，什么是“害”却不是一件简单的事情，因为有些时候“利”与“害”的划分存在着不同的标准，这些标准甚至可能是矛盾的，比如：对自己有利的，也许对他人有害；今天有利的，可能明天有害；对团体有利的，或许对个人有害。

掌握有利思维视角和有害思维视角首先要明确一点，事物的利与害划分归类是与人们的观念意识有着密切的关系的，在不同的标准判定下，一件事物既可能是有害的也可能是有利的。实际上就事物本身而言是没有利与害之分的，成熟的苹果落到土地上慢慢腐烂掉，在果农看来是有害的，但在苹果本身看来这只不过是生命自然而然的循环过程罢了，没有什么利与害之分。所以，从本质讲在这个世界上不存在什么“利与害”，只有“利”与“害”的划分标准。

虽然，从客观讲“利”与“害”的界定还是有它特殊意义的。在千万年的进化实践过程中，人类渐渐发展总结出一些规律，发现有些事情有助于生存发展和问题的解决，有些事情阻碍生存发展和问题的解决。为了更好地生存发展和提高工作效率，人们就制定了一些标准和区分这些事情，避免以后多走弯路。因此，当我们在使用有害思维视角看问题时，除了不要被主观的划分标准所迷惑，给事物贴上固定不变的“利”或“害”的标签，同时也要注意到每一个标准的设定都有它内在的道理，这些道理是人类在长期实践过程中总结出来的智慧的结晶。

【思维原理】

有利的事情——以某种标准来衡量，促进目的实现的事情。

有害的事情——以某种标准来衡量，阻碍目的实现的事物。

事物的有利方面——事物中所包含的有利因素。

事物的有害方面——事物中所包含的有害因素。

有利的目标——对事物的生存发展有促进作用的目标。

有害的目标——对事物的生存发展有阻碍作用的目标。

化害为利——将有害的事物转变为有利的事物。

化利为害——将有利的事物转变为有害的事物。

以害为利——将有害的功能应用于有利的方面。

以利为害——将有利的功能应用于有害的方面。

【思维法则】

从客观讲，事物没有利与害之分。利与害是人们根据自己的主观标准对事物的一种划分。

虽然利与害的划分标准是建立在人的主观意识之上的，但是它有着坚实的客观基础。比如有助于生存、发展、光明、善良、正确、成功等方面的东西人们即认为是有利的，否则即认为是有害的。

喜利恶害是人之常情，趋利逼害是人之天性。

任何事物都包含着利与害两方面的因素，在不同的环境条件下，利与害因素的凸显程度不同。

利与害的界定都有自己的界限，超越界限的利与害会向自身的反方向转化。

现实世界充满了复杂的利与害关系，这些利与害关系以动态的方式存在。塞翁失马，焉知非福。

人具有主观能动性，可以转化事物的利与害。这种转化分主观性转化和客观性转化两大类。

两利相较取其重，两害相较取其轻。

【思维案例】

波音公司因"险"得"福"

1988年4月27日，美国阿哈罗航空公司的一架波音747客机自檀香山机场起飞后不久，突然，"轰隆"一声巨响，飞机前仓顶盖被掀开一个直径达六米的大洞，一名空姐当即被掀出机外。驾驶员采取紧急措施，把飞机降落在临近的机场上。令人惊异的是：除了那名不幸的空中小姐外，全机89名乘客和其他机组人员无一受伤，有关人员立即赶赴现场，对飞机发生事故的原因进行调查。

波音公司面对严峻的考验，毫不惊慌。他们派出高级技术人员参与调查，并且，随着调查的深入，波音公司还借助电台、电视台、报纸、杂志等新闻媒体大造舆论，对空中事件大加宣扬，波音公司的解释是：这是一架已飞行了20年，起落9万多次的客机，按照技术规定，它本已早该退休了。飞机过于陈旧、金属疲劳是造成事故的最主要原因，但即使是一架如此陈旧的波音737，它还能保证乘客无一伤亡，这证明了什么呢？只能证明波音公司的飞机质量的的确确是上乘可靠的。

波音公司遇事不惊，从容查清了造成空难的原因，并大加宣传，不但没有损伤波音公司的形象，反而使公司因"险"得"福"。事故之后，波音公司的订货成倍增加，仅国际警容集团和美国航空公司两家就订购了130架波音737，公司在5月份的订货高达70亿美元。

【思维训练】

(1)从有害思维视角分析本案例中波音公司所遇到的危机。

(2)从有利思维视角分析本案例中波音公司处理危机的公关措施。

(3)说明化"害"为"利"的客观基础是什么？

训练三 整体思维视角/局部思维视角

【思维工具】

整体思维视角——从整体的角度看问题。

局部思维视角——从局部的角度看问题。

任何整体事物都可以分解成几个局部组成，比如一张大纸可以被剪碎为几张小纸，一辆汽车可以分解为许多零件，一个国家可以划分为许多省市等等。另外，一些看似互不相关的零散事物也可以组成一个完整的整体，比如，砖、木材、水泥、钢筋组合在一起可以盖成一栋大厦，许多互不认识的人组合在一起可以成立一个企业，各种动物和植物生活在一起共同构成地球的自然生态系统。

对于任何事物而言，整体与局部的界定是相对的，有些看似整体的事物，在更大的尺度空间观察时可能表现为局部；而有些看似局部的事物在更小的尺度空间观察时则表现为整体。瞎子摸象的故事就形象的讲述了在不同人眼里局部与整体的这种相对关系。

把一个复杂的事物分解成几个简单的局部来认识，是人们常用的一种分析研究方法，这种方法可以帮助人们更容易、更深刻的认识事物。不过需要特别指出的是，将事物分解为几个简单的组成部分并不是认识的终点，更深层次的目的是观察分析事物各个组成局部之间的关系，以及局部与整体之间的关系。只有深刻认识到这些关系是什么，以及如何有序地组织在一起的时候，人们才能准确地把握事物的本质。比如，要想深入了解一辆汽车的功能，就必须先将一辆完整的汽车分解为发动机、方向盘等多个零件组成部分，然后对这些组成部分进行具体的研究分析。但是，仅仅知道了汽车各个零散部件的详细功能和作用还不能算是完成了对汽车的本质认识，如果不清楚各个局部是按照何种关系有序地结合为整体的，就不能真正把握了汽车的本质全貌。

为了深刻认识事物，我们就必须将事物层层分解，直至追溯到它的本源；而为了真实反映事物的属性规律，我们又必须将被分解的局部按照某种关系有机地组合为一个整体，从整体的角度认识事物的内在本质。

【思维原理】

整体——相对独立存在的个体。

局部——构成整体的组成部分。

整体性属性——只有事物的整体才具备的属性。

局部性属性——事物的组成部分具备的属性。

整体分解为局部——将一个整体划分为多个相对独立的组成部分。

局部组合为整体——将许多相对独立的组成部分结合为一个有机的整体。

任何整体都是由两个以上的局部组成的。

【思维法则】

整体不等于局部的简单相加。

局部与整体之间的关系有时候是统一的，有时候是对立的。

整体是局部之间矛盾达到和谐状态的产物。

为了维护整体的存在，就必须对局部作适当的限定制约。

对局部的深刻认识代替不了对整体的全局认识。

整体分裂后，有些局部能独立存在构成新的主体，有些则自然消亡。

思考局部习惯问题时应具有全局观，思考整体性问题时应具有重点意识。

第二篇　市场营运篇

第四章　市场及市场营销

在社会分工和高速发展的现代化生产中，市场已成为不同部门、不同地区、不同企业之间联系的纽带，市场的社会作用越来越受重视，甚至可以视为企业生存的前提，同时也是人们生活必不可少的场所。在本章中用概括性的语言阐释了市场的涵义，从多种角度考虑对市场进行分类，有按交易对象划分，按交易范围划分等。了解了市场的涵义本章进一步讲解了市场营销定义及其市场营销策略，并对企业市场营销活动中常见的促销活动进行了理性地分析。本书中第一篇为思维篇，希望从第二篇——市场营运篇即从本章的内容开始可以开拓思维，并灵活地运用到市场活动中。

第一节　市场

一、市场的涵义

现代市场经济使人类社会生活发生深刻变化。日益加深的社会分工和高速发展的现代化大生产，不仅使市场成为不同地区、不同部门、不同企业之间联系的桥梁和纽带，而且成为所有社会成员生存和发展不可或缺的前提和基础。当城市成长并且繁荣起来后，住在城市邻近区域的农夫、工匠、技工们就会开始互相交易并且对城市的经济产生贡献。显而易见的，最好的交易方式就是在城市中有一个集中的地方，像是市场，可以让人们在此提供货物以及买卖服务，方便人们寻找货物及接洽生意。当一个城市的市场变得庞大而且更开放时，城市的经济活力也相对会增强起来。

市场，这一词语的涵义很多，主要有以下几种：

1. 买卖商品的场所：把货物的买主和卖主正式组织在一起进行交易的地方，比如：农贸市场，像上文提到的市场。

2. 商品行销的区域，例如：国内市场、国际市场。

3. 范围：比喻言论、风气等所影响的范围；比如："这种理论在群众中是没有市场的"。在这里我们主要研究市场营销学的中所指的市场。主要研究它作为销售者的企业的市场营销活动，即研究企业如何通过整体市场营销活动，适应并满足买方的需求，以实现经营目标。因此，在这里，市场主要是指某种产品的现实购买者与潜在购买者需求的总和。销售者构成行业，购买者构成市场。市场是社会分工和商品经济发展的必然产物。劳动分工使人们各自的产品互相成为商品，互相成为等价物，使人们互相成为市场；社会分工越细，商品经济越发达，市场的范围和容量就越扩大。同时，市场在其发育和壮大过程中，也推动着社会分工和商品经济的进一步发展。市场通过信息反馈，直接影响着人们生产什么、生产多少、以及上市时间、产品销售状况等；联结商品经济发展过程中产、供、销各方，为产、供、销各方提供交换场所、交换时间和其他交换条件，以此实现商品生产者、经营者和消费者各自的经济利益。市场包含三个主要因素，即：有某种需要的人、为满足这种需要的购买能力和购买欲望，用公式来表示就是：

市场 = 人口 + 购买力 + 购买欲望

市场的这三个因素是互相制约、缺一不可的，只有三者结合起来才能构成现实的市场，才能决定市场的规模和容量。例如，购买力虽然很大，但人口很少，也不能成为很大的市场。只有人口多，购买力又高，才能成为一个有潜力的大市场。但是，如果产品不适合需要，不能引起人们的购买欲望，对销售者来说，仍然不能成为现实的市场。所以，市场是上述三个因素的统一，现代市场营销还把市场形容为"流动的消费者群体"。

二、市场的分类

从一般意义上讲，市场就是指商品交易关系的总和，主要包括买方和卖方之间的关系，同时也包括由买卖关系引发出来的卖方与卖方之间的关系以及买方与买方之间的关系。市场类型的划分是多种多样的。按产品的自然属性划分，可分为商品市场、金融市场、劳动力市场、技术市场、信息市场、房地产市场等；按市场范围和地理环境划分，可分为国际市场、国内市场、城市市场、农村市场等；按消费者类别划分，可分为中老年市场、青年市场、儿童市场、男性市场、女性市场等。具体分类为：

（1）按交易对象——生产资料市场、消费资料市场、生产要素市场。
（2）按交易范围——地方市场、国内市场、国际市场。
（3）按交易数量——批发市场、零售市场。

三、市场的主要特征

（1）统一的市场——可以使消费者在商品的价格、品种、服务上能有更多的选择，同时也使企业在购买生产要素和销售产品时有更好、更多的选择。

（2）开放的市场——一个开放的市场，能使企业之间在更大的范围内和更高的层次上展开竞争与合作，促进经济发展。

（3）竞争的市场——竞争是指各经济主体为了维护和扩大自己的利益而采取的各种自我保护的行为和扩张行为，努力在产品质量、价格、服务、品种等方面创造优势。充分的市场竞争，会使经济活动充满生机和活力。

（4）有序的市场——要完善行政执法、行业自律、舆论监督、群众参与相结合的市场监管体系。这样才能使市场有序性得以保证，从而使市场平等竞争和公平交易，保护生产经营者和消费者的合法权益不受侵害。

训练题

（1）通过现代的市场环境，谈一谈什么是市场？
（2）分析市场按不同角度的分类形式。
（3）结合实践谈一谈市场的主要特征。

第二节 市场营销

企业如何满足市场需要、如何实现利润最大化，对社会的贡献如何都是通过市场营销活动来实现的。市场营销活动的主体是企业，市场营销管理是企业经营管理的核心内容，可见市场营销在整个企业的运营中是很重要的。随着中国经济的发展，企业面临的外部环境和内部条件发生了巨大的变化，市场竞争力的强弱和企业经营绩效的好坏，对我国的市场繁荣、社会安定、经济发展等无一不产生着根本性的制约作用。作为企业的管理者和决策者除了关注现代科技变革及其物化过程的同时，应该更多地学习和研究现代市场营销理论和方法。在提高经营管理水平的基础上，拓展生存与发展的市场空间，强化市场竞争的能力。

有的人认为，市场营销就是推销商品，就是把生产的商品推销出去。实现其使用价值和价值的过程，而营销者就是推销员或业务员。这种看法是对市场营销行为的一种片面理解。实际上市场营销活动是一种极为复杂的过程，它贯穿于企业营销过程的自始至终，包括市场调查与预测、产品开发、定价、促销、分销和售后服务等一系列活动。从整个市场营销活动看，销售仅仅是整个市场营销活动的一部分，但不是市场营销的最重要部分。

市场营销，是指企业利用自身的资源优势，通过市场交易满足目标市场现实或潜在需求的综合性商务活动过程，它以市场需求为起点，也以市场需求为终点，适应市场环境的变化，实现商品价值的交换。

企业市场销售人员通过市场调查、市场细分化，寻找尚未满足的市场空白和竞争对手的缺陷，根据自身的优势，确定目标市场，研制开发新产品，制定产品的价格，利用有效的促销手段，提供优质的售前、售中、售后服务，从而实现提高市场占有率、扩大销售、满足社会需要和增加盈利的目的。市场营销的实质，是企业通过营销活动解决社会生产与消费的矛盾，满足目标市场需求，实现企业预期的战略目标。

市场营销是企业经济活动最主要、最基本的内容、企业是实现市场营销目标的组织形式。市场营销与企业行为是密切相关、互不可分的。企业市场行为是把消费需求转变为企业发展机会的有效方式、是发展经济、满足现实需求和可开发潜在需求、促进社会文明发展的重要手段实现企业和社会再生产的重要环节。在本节中我们要学习一些市场营销中常见的用语，只有掌握了这些用语，在以后的学习中才能充分理解市场营销活动。

一、常见的市场营销用语

（一）需要、欲望和需求

人类的需要和欲望是市场营销活动的起点。所谓欲望是指想得到基本需要的具体满足物的愿望。所谓需求是指对于有能力购买并且愿意购买的某个具体产品的欲望。人类为了生存，需要食品、衣服、住所、安全、归属、受人尊重等。这些需要可用不同方式来满足。人类的需要有限，但其欲望无限，当具有购买能力时，欲望便转化成需求。具体来说，市场营销者并不创造需要；需要早就存在于市场营销活动出现之前。

（二）产品

人类靠产品来满足自己的各种需要和欲望。因此，可将产品理解为能够用以满足人类某种需要或欲望的任何东西。人们通常把产品分为实体产品和无形物品。实体产品的重要性不仅在于拥有它们产品本身，更在于它们可以用来满足我们的欲望。例如：很多人购买小汽车不是为了欣赏，而是因为它可以提供便利的服务。所以，实体产品实际上是向我们传送服务的工具。如果生产者关心产品甚于关心产品所提供的服务，那就会陷入困境。过分钟爱自己的产品，往往导致忽略顾客购买产品是为了满足某种需要这样一个事实。人们不是为了产品的实体而买产品，而是因为产品实体服务的外壳，即通过购买某种产品实体能够获得自己所需要的服务。市场营销者的任务，是向市场展示产品实体中所包含的利益或服务，而不能仅限于描述产品的形貌。否则，企业将导致“市场营销近视”，即在市场营销管理中缺乏远见，只看见自己的产品质量好，看不见市场需要在变化，最终使企业经营陷入困境。

（三）效用、价值和满足

在对能够满足某一特定需要的一组产品进行选择时，人们所依据的标准是各种产品的效用和价值。所谓效用是指产品满足人们欲望的能力。效用实际上是一个人自我心理感受。

马克思认为，价值是人类劳动当作商品共有的社会实体的结晶，商品价值量的多少由社会必要劳动时间来决定，而“社会必要劳动时间是在现有的社会正常的生产条件下，在社会平均的劳动熟练程度和劳动强度下制造某种使用价值所需要的劳动时间。”

（四）交换、交易和关系

当人们决定以交换的方式来满足需要或欲望时，就存在市场营销了。一个人可以通过三种方式获得自己所需要的产品，交换是其中之一。第一种方式是自行生产。一个饿汉可以通过打猎、捕鱼或采集野果来充饥。这个人不必与其他任何人发生联系。在这种情况下，既没有市场，更无所谓市场营销。第二种方式是乞讨。一个饿汉可以向别人乞讨食物。除了一声谢谢之外乞讨者没有拿出任何有形的东西作为回报。第三种方式是交换。一个饿汉可以用自己的钱、其他物品或服务与拥有食物的人进行交换。市场营销活动产生于第四种获得产品的方式。

所谓交换是指通过提供某种东西作为回报，从别人那里获取所需物的行为。交换的发生，必须具备五个条件：

(1)至少有两方。

(2)每一方都有被对方认为有价值的东西。

(3)每一方都能沟通信息和传送物品。

(4)每一方都可以自由接受或拒绝对方的产品。

(5)每一方都认为与另一方进行交换时适当的或称心如意的。

二、市场营销种类

(一)整合营销传播

整合营销传播指将一个企业的各种传播方式加以综合集成，其中包括一般的广告、与客户的直接沟通、促销、公关等，对分散的传播信息进行无缝接合，从而使得企业及其产品和服务的总体传播效果达到明确、连续、一致和提升。

(二)数据库营销

以特定的方式在网络上或是实体收集消费者的消费行为资讯、厂商的销售资讯，并将这些资讯以固定格式累积在数据库当中，在适当的行销时机，以此数据库进行统计分析的行销行为。

(三)网络营销

网络营销是企业整体营销战略的一个组成部分，是为实现企业总体经营目标所进行的，以互联网为基本手段营造网上经营环境的各种活动。网络营销的职能包括网站推广、网络品牌、信息发布、在线调研、顾客关系、顾客服务、销售渠道、销售促进八个方面。

(四)直复营销

直复营销是在没有中间行销商的情况下，利用消费者直接(consumer direct，CD)通路来接触及传送货品和服务给客户。其最大特色为“直接与消费者沟通或不经过分销商而进行的销售活动”，乃是利用一种或多种媒体，理论上可到达任何目标对像所在区域——包括地区上的以及定位上的区隔，且是一种可以衡量回应或交易结果之行销模式。

通常直复营销所使用的媒体沟通工具与大众或特定多众行销媒体（如电视广告）不同，而是以小众或非定众的行销媒体（例如在面纸包上刊印广告讯息后再将该面纸包分送出去给潜在消费对象，以及型录、电话推销，电视购物、网络销售等）为主。

（五）关系营销

在很多情况下，公司并不能寻求即时的交易，所以他们会与长期供应商建立顾客关系。公司想要展现给顾客的是卓越的服务能力，现在的顾客多是大型且全球性的。他们偏好可以提供不同地区配套产品或服务的供应商，且可以快速解决各地的问题。当顾客关系管理计划被执行时，组织就必须同时注重顾客和产品管理。同时，公司必须明白，虽然关系行销很重要，但并不是在任何情况下都会有效的。因此，公司必须评估哪一个部门与哪一种特定的顾客采用关系行销最有利。

（六）绿色营销

绿色营销是指企业为了迎合消费者绿色消费的消费习惯，将绿色环保主义作为企业生产产品的价值观导向，以绿色文化为其生产理念，力求满足消费者对绿色产品的需求所做的营销活动。

（七）社会营销

社会营销是基于人具有“经济人”和“社会人”的双重特性，运用类似商业上的营销手段达到社会公益的目的；或者运用社会公益价值推广其商品或商业服务一种手段。

与一般营销一样，社会营销的目的也是有意识地改变目标人群（消费者）行为。但是，与一般商业营销模式不同的是，社会营销中所追求的行为改变动力更多来自非商业动力，或者将非商业行为模拟出商业性卖点。

（八）病毒营销

病毒营销是一种信息传递策略，通过公众将信息廉价复制，告诉给其他受众，从而迅速扩大自己的影响。和传统营销相比，受众自愿接受的特点使得成本更少，收益更多更加明显。

三、市场营销观念

市场营销观念的演变与发展，可归纳为五种，即生产观念、产品观念、推销观念、市场营销观念和社会市场营销观念。

（一）生产观念

生产观念是指导销售者行为的最古老的观念之一。企业经营哲学不是从消费者需求出发，而是从企业生产出发，其主要表现是“我生产什么，就卖什么”。生产观念认为，消费者喜欢那些可以随处买得到而且价格低廉的产品，企业应致力于提高生产效率和分销效率，扩大生产，降低成本以扩展市场。生产观念在企业经营管理中颇为流行。中国在计划经济旧体制下，由于市场产品短缺，企业不愁其产品没有销路，工商企业在其经营管理中也奉行生产观念。

（二）产品观念

它也是一种较早的企业经营观念。产品观念认为，消费者最喜欢高质量、多功能和具有某种特色的产品，企业应致力于生产高值产品，并不断加以改进。它产生于市场产品供不应求的“卖方市场”形势下。最容易滋生产品观念的场合，莫过于当企业发明一项新产品时。此时，企业最容易导致“市场营销近视”，即不适当地把注意力放在产品上，而不是放在市场需要上，在市场营销管理中缺乏远见，只看到自己的产品质量好，看不到市场需求在变化，致使企业经营陷入困境。

（三）推销观念

推销观念（或称销售观念）是为许多企业所采用的另一种观念，表现为“我卖什么，顾客就买什么”。它认为，消费者通常表现出一种购买惰性或抗衡心理，如果听其自然的话，消费者一般不会足量购买某一企业的产品，因此，企业必须积极推销和大力促销，以刺激消费者大量购买本企业产品。推销观念在现代市场经济条件下被大量用于推销那些非渴求物品，即购买者一般不会想到要去购买的产品或服务。许多企业在产品过剩时，也常常奉行推销观念。这种观念虽然比前两种观念前进了一步，开始重视广告术及推销术，但其实质仍然是以生产为中心的。

（四）市场营销观念

市场营销观念是作为对上述诸观念的挑战而出现的一种新型的企业经营哲学。这种观念是以满足顾客需求为出发点的，即“顾客需要什么，就生产什么”。许多企业开始认识到，必须转变经营观念，才能求得生存和发展。市场营销观念认为，实现企业各项目标的关键，在于正确确定目标市场的需要和欲望，并且比竞争者更有效地传送目标市场所期望的物品或服务，进而比竞争者更有效地满足目标市场的需要和欲望。

（五）社会市场营销观念

社会市场营销观念是对市场营销观念的修改和补充。社会市场营销观念认为，企业的任务是确定各个目标市场的需要、欲望和利益，并以保护或提高消费者和社会福利的方式，比竞争者更有效、更有利地向目标市场提供能够满足其需要、欲望和利益的物品或服务。社会市场营销观念要求市场营销者在制定市场营销政策时，要统筹兼顾三方面的利益，即企业利润、消费者需要的满足和社会利益。

四、市场营销职能

按照现代市场营销环境的要求，现代市场营销职能体系应当是包括商品销售、市场调查研究、生产与供应、创造市场要求和协调平衡公共关系五大职能。现将各项职能具体介绍如下。

（一）商品销售

商品销售对于企业和社会来说，具有两种基本功能，一是将企业生产的商品推向消费领域；二是从消费者那里获得货币，以便对商品生产中的劳动消耗予以补偿。企业是为了提高人们的生活水平而采用先进生产组织方式进行社会化生产的产物。商品销售十分重要。企业需要尽最大努力来加强这一职能。其具体的活动包括：寻找和识别潜在顾客，接触与传递商品交换意向信息，谈判，签订合同，交货和收款，提供销售服务。

（二）市场调查与研究

市场调查与研究又称市场调研，指企业在市场营销决策过程中，需要系统客观收集和分析有关营销活动的信息所做的研究。

企业销售商品的必要外部条件之一是该商品存在着市场需求。人们把具备这个条件的商品称为是适销对路的。只有存在市场需求，商品才能销售出去。某种商品的市场需求，是指一定范围的所有潜在顾客在一定时间内对于该商品有购买力的欲购数量。如果某种商品的市场需求确实存在，而且企业知道需要的顾客是谁，在哪里，就可以顺利地进行商品销售。

为了有效地实现商品销售，企业营销经理需要经常地研究市场需求，弄清楚谁是潜在顾客，他们需要什么样的商品，为什么需要，需要多少，何时何地需要，研究本企业在满足顾客需要方面的合适性，研究可能存在的销售困难和困难来源，并且对应地制定满足每一个顾客需要的市场营销策略。这就是市场调查与研究职能的基本内容。不难发现，市场调查和研究不单纯是组织商品销售的先导职能，实际上是整个企业市场营销的基础职能。

（三）生产与供应

企业作为生产经营者需要适应市场需求的变化，经常调整产品生产方向，借以保证生产经营的产品总是适销对路的。这就是说，要争取利用每个时期的市场需求来保持企业销售收入的稳定和增长，争取利用每个所生产经营商品的盈利机会。在市场需求经常变动的条件下，企业的这种适应性就来自于企业对市场的严密监测，对内部的严格管理，对变化的严阵以待，对机会的严实利用。所有这些职能在企业经营管理上笼统地成为生产与供应职能。这个职能名称实际上是沿用传统的说法。在现代市场营销理论中，这个职能被称作整体营销。

整体营销是由企业内部的多项经营职能综合来体现的。要让销售部门在每个时期都能向市场销售适销对路的产品，市场调研部门就要提供准确的市场需求信息；经营管理部门就要把市场需求预测资料转变成生产指令，指挥生产部门生产和其他部门的协作。要让销售部门及时向顾客提供他们需要的产品，就要让生产部门在顾客需要来临之前将相应的产品生产出来；为了让生产部门能够做到这一点，技术开发部门就要在更早的时候完成产品设计和技术准备工作，能够向生产部门提供生产技术；财务部门就要在更早的时候筹集到资金，提供给生产部门进行生产线或机器设备的调整，提供给采购部门进行原料、材料、零部件的采购和供应；人事部门也要在更早的时候对工人进行技术培训和岗位责任教育，激发职工提高生产劳动能力的积极性和主动性。要让销售部门能够迅速打开销路，扩大商品销售数量，公共关系部门就应当在此之前在顾客心目中建立高尚的企业形象和企业产品形象，扩大服务顾客的声势和信誉传播范围；广告宣传部门就要在此之前有效地展开广告宣传攻势；促销部门要组织对潜在顾客有吸引力的促销活动；销售渠道和网络管理部门要在此之前争取尽可能多的中间商经销或代销企业的商品。这样，各个部门相互之间协同作战，共同来做好市场营销工作，这就是整体营销。

（四）创造市场需求

不断提高社会生活水平的社会责任要求企业努力争取更多地满足消费者需要。这就是说，仅仅向消费者销售那些他们当前打算购买的商品是不够的。消费者普遍存在着“潜在需求”，即由于某些原因，消费者在短期内不打算购买商品予以满足的需求。例如，对于目前市场上某种商品的质量水平不满意的消费者，即使存在需要，也可能不去购买这种商品；对于目前市场上价格相对较高、人们认为多消费就有些奢侈的非生活必需品，消费者即使存在需要，也可能不去购买，或者很少购买；有些消费者因为某种后顾之忧，把一部分钱储蓄起来，不用于目前的生活消费，会形成“潜在需求”；另外一些消费者虽然有一定的生活收入来源，可是由于目前手持货币数量的限制，不能购买某种他所需要的商品，也形成了“潜在需求”。当然，还有相当多的顾客拿着钱买不到自己所需要的商品，因此形成“潜在需求”。潜在需求的客观存在是由消费者生活需要的广泛性和可扩张性决定的。潜在需求实质上就是尚未满足的顾客需求，代表着在提高人们生活水平方面还有不足之处，也是企业可开拓的市场中的“新大陆”。

企业既要满足已经在市场上出现的现实性顾客需求，让每一个愿意购买企业的商品的顾客确实买到商品，也要争取那些有潜在需求的顾客，提供他们所需要的商品和服务，创造某些可以让他们买得起、可放心的条件，解除他们的后顾之忧，让他们建立起购买合算、消费合理的信念，从而将其潜在需求转变成为现实需求，前来购买企业的商品。这就是“创造市场需求”。

五、市场营销策略

市场营销策略是企业以顾客需要为出发点，根据经验获得顾客需求量以及购买力的信息、商业界的期望值，有计划地组织各项经营活动，通过相互协调一致的产品策略、价格策略、渠道策略和促销策略，为顾客提供满意的商品和服务而实现企业目标的过程。

1. 4Ps 策略，即产品(Product)、价格（Price）、促销（Promotion）、通路与配销（Place & Distribution）。

根据与市场竞争对手对抗的需要而制定富有竞争力的产品、价格、渠道和促销政策。这一时期诞生了著名的 4P 理论。当时还是大众媒体盛行的时代，依靠大众媒体促进销售，无差异化策略成为这一阶段的明显特征。

(1)产品策略，主要研究新产品开发，产品生命周期，品牌策略等，是价格策略，促销策略和分销策略的基础。

(2)价格策略，又称定价策略，主要研究产品的定价、调价等市场营销工具。

(3)促销策略，是将组织与产品讯息传播给目标市场之有计划性的行销活动，它主要的焦点在于与消费者沟通。促销的形式则包括了广告宣传、公共关系(PR)、促销(SP)活动、人员销售(PS)、口碑操作等，透过推广，使企业得以让消费者知晓、了解、喜爱进而购买产品，促销的强度及其计划是否得宜，足以影响或操纵产品的知名度、形象、销售量，乃至于企业的品牌形象。有了促销，消费者才可得知产品提供何种利益、价格多少、可以到什么地方购买及如何购买等，而这些消费者反映会进一步协助推动其他行销组合(产品、价格、通路)做修正调整。

(4)渠道策略，是指为了达到产品分销目的而起用的销售管道。分销商既包含批发商，也包含零售商，甚至包含物流配送商，或是公司业务人员直接对消费者销售，这是直销人员及其组织架构。

(5)人员，所有的人都直接或间接地被卷入某种服务的消费过程中，这是 7P 营销组合很重要的一个观点。知识工作者、白领雇员、管理人员以及部分消费者将额外的价值增加到了既有的社会总产品或服务的供给中，这部分价值往往非常显著。

(6)流程，服务通过一定的程序、机制以及活动得以实现的过程(亦即消费者管理流程)，是市场营销战略的一个关键要素。

(7)环境，包括服务供给得以顺利传送的服务环境，有形商品承载和表达服务的能力，当前消费者的无形消费体验，以及向潜在顾客传递消费满足感的能力。

2. 4C 包括顾客(Customer)，成本(Cost)，沟通(Communication)，便利(convenience)。

3. 4R 营销理论是由美国学者唐·舒尔茨在4C 营销理论的基础上提出的新营销理论。4R 分别指代 Relevance(关联)、Reaction(反应)、Relationship(关系)和 Reward(回报)。该营销理论认为，随着市场的发展，企业需要从更高层次上以更有效的方式在企业与顾客之间建立起有别于传统的新型的主动性关系。

【经典案例】

娃哈哈市场营销案例

1. 控制与促销。娃哈哈的促销重点是经销商，公司会根据一定阶段内的市场变动、竞争对手的异动以及自身产品的配备而推出各种各样的促销政策，针对经销商的促销政策，既可以激发其积极性，又保证了各层销售商的利润，因而可以做到促进销售而不扰乱整个市场的价格体系。娃哈哈认为，生产商推出任何一项促销活动或政策，首先应该考虑的便是设计一套层次分明、分配合理的价差体系。当今很多企业在营销中，喜欢动辄“超低空”，以低价轰炸市场，以为只要我的价格比别家的低，肯定卖得就比别人的火，其实未必。因为没有考虑价差的低价，无疑让经销商无利可图，他不给你用力吆喝，不把你的产品摆在柜台上，买卖交易的“最后一公里”仍然无法到达。一般而言，低价策略在新产品进入一个成熟市场时会因其对原有市场价格体系的摧毁而达到出人意料的效果，可是在长效经营中却可能是一个毒素颇大的兴奋剂。

2. 冲货与竞争。区域冲货问题，是所有企业面临的共同问题，娃哈哈也不能避免。中国市场幅员广阔，各省区之间由于经济状况、消费能力及开发程度的不同，产品的销售量差异极大，如浙江与江西、安徽毗邻而居，经济总量却相差数倍。娃哈哈在三省的销量各有不同，为了运作市场，总部对各省的到岸价格、促销配套力度和给予经销商的政策也肯定有所差异，因而，各经销商根据政策的不同，偷偷地将一地的产品冲到另一地销售的情况便难免发生，这种状况频繁出现，必将造成市场之间的秩序紊乱。如蚁噬大堤，往往在不经意间让一个有序的市场体系崩于一旦，在过去10多年中，已有无数企业因此莫名坠马，一蹶不振。

对于竞争，娃哈哈则体现出作为一家成熟的市场强势企业的自信和能力。一家企业在一定阶段的营销策略的设定，无非主要根据以下几种要素：消费者的需求、本公司的开发、竞争对手的举措。娃哈哈的纯净水、果奶、八宝粥等产品的市场占有率均为全国第一，因此它常常成为其他企业设定营销策略的“假想敌”。一年四季，宗庆后的案头每天都会摆上一大叠有关竞争对手针对娃哈哈进行渠道抢夺和市场促销的战报。宗庆后对此的策略基本上是：以我为主，进行适度。

3. 联销体。娃哈哈的营销队伍走的是一条“联销体”路线。跟其他一些大型企业相比，娃哈哈在全国各地的营销员少得让人难以想象，只有2000人，而且宗庆后还表示，他不会让这个人数有太大的突破。

纵观娃哈哈15年发展历程，其营销模式经历了三个不同的阶段。第一个阶段，与国营的糖酒批发公司及其下属的二、三级批发站紧密合作，借用其现有的渠道进行推广。第二个阶段，是20世纪90年代中期，随着沿海省份各种专业及农贸市场的兴起，个体私营的批发商以其灵活多变的机制优势把国营糖酒公司原有的渠道网络冲得七零八落，中国农村城镇市场出现了一个大重组，娃哈哈及时顺应这一变化，与各地市场中的大户联手，很快编织起一个新的、无比灵活的市场网络。正是通过成千上万个大小经销商，娃哈哈的产品渗透到了大江南北的每一个角落。其运作模式是：每年开始，特约一级批发商根据各自经销额的大小打一笔预付款给娃哈哈，娃哈哈支付与银行相当的利息，然后，每次提货前，结清上一次的货款。一批商在自己的势力区域内发展特约二批商与二批商，两者的差别是，前者将打一笔预付款给一批商以争取到更优惠的政策。

4. 营销安全。2001年以来，娃哈哈悄然开始了一场雄心勃勃的营销网络建设工程：宗庆后要在未来3年内构筑起一个全封闭式的全国营销网络，在企业内部，这个计划被命名为“蜘蛛战役”。宗庆后判断，中国市场的终端之争，首先将在批零渠道展开。娃哈哈的野心，是在3年之内把目前国内最具实力的县域级饮料销售商都聚集到自己的旗下。宗庆后理想中的娃哈哈网络是这样的：娃哈哈在一个区域内只选择一个批发商，该一批商只卖货给自己的二批，二批只向划定区域内的三批商和零售店铺销售。整个销售网络是在一个近乎全封闭的、规范化的系统内进行的。这可能是当今中国市场上最具雄心和创造力的一个营销试验：娃哈哈试图把数10年如一的自然性流向一变而为控制性流向。

一旦这一营销网络大功告成，价格的规范和产品的推广自然可以收发自如，用宗庆后自己的话说就是“想怎么打，就怎么打”。

1. 结合案例，谈一谈现代社会中怎样理解市场营销。

2. 根据案例简述市场营销的职能。

3. 结合实际谈一谈市场营销观念的演变与发展。

第三节 直销

一、直销的定义

什么是直销？根据第 443 号国务院令公布的《直销管理条例》中首次对什么是直销进行了明确的定义：

直销是指直销企业招募直销员，由直销员在固定营业场所之外直接向最终消费者推销产品的经销方式。

二、直销企业

直销企业是指依照规定经批准采取直销方式销售产品的企业。

三、直销员

直销员是指在固定营业场所之外将产品直接推销给消费者的人员。

三、直销定义的演变

直销这一中文单词，顾名思义是直接销售的意思，把产品或服务直接提供给消费者的营销方式是普通意义的直销。我们常见的普通意义直销的销售方式有如下一些：

门店服务，例如理发店，理发师直接为顾客服务。

前厅后厨，例如饭店，从厨房到餐厅饭店把饭菜及服务直接提供给消费者。

前店后厂，例如裁缝店，从缝纫间到柜台裁缝师傅直接把服装提供给消费者。

委托加工，例如三峡大坝发电机组，工厂按要求生产并直接提供给电站。

特种工业，例如军工厂直接把产品销售给军队等。

四、直销与传销的区别

直销和传销的本质区别就是，是否有物有所值的产品，是否销售给顾客。直销和传统销售不同之处在于：传统销售中的渠道利润由各级渠道商瓜分，而直销行业中渠道利润全部归直销商获得，相应的义务，即所有中间环节的招募、培训等组织工作由直销商承担。

简单的区别法：直销的商品有公开的统一市场价，传销的商品没有公开的统一市场价格。

五、直销在中国的远景

中国加入WTO，国际市场经济的游戏规则已全面导入，规范的直销必将成为中国市场经济的一个有机组成部分。关于这一点，我们从国外多年的市场经济成熟状态可以看到，当前中国政府也正式遵循国际准则，承诺将于入世后三年内开放该领域的市场，而且已经在着手对该领域进行更加有效的立法准备。

可以说，直销就是未来社会发展的趋势，对此，记者本着实事求是的原则，对中国直销市场的远景进行了深入的采访调查。

直销是一种正当的职业。直销正式进入中国是1990年。第一个进入中国的是雅芳公司。

到了1993年时，直销公司从数量上讲已经比较多，直销公司的制度也更是五花八门。关于这个时期，中国的直销理论研究者们把它称为泛滥无序期。也就是在这个时期，“非法传销”愈演愈烈。随着媒体对打击非法传销的不断宣传，直销也被蒙上了一层暗淡的色彩，难以还原其本来面目。

其实，直销是一种正当的职业，最初产生于美国20世纪50年代，当时由于贫富差距太大，许多穷人没有改变现状的机会，美国哈佛大学的两个研究生发明了直销业，让穷人从事这种职业，让富人消费商品。很快，许多企业滞胀的产品有了销路，萧条的市场有了生机，同时，许多穷人改变了命运，加入到富人的行列中。这种崭新的营销方式很快盛行起来。

关于直销，世界直销协会的定义是这样阐述的：直销是指在固定零售店铺以外的地方（例如：个人住所、工作地点或其他场所），独立的营销人员以面对面的方式，通过讲解和示范方式将产品和服务直接介绍给消费者，进行消费品的行销。

我们知道，传统的商品流通形式是这样的：厂家—总代理—省代理—市代理—批发商—商店—消费者，这其中每个环节都需要管理费用，如：工人、工资、运输经费、厂房水电费，随着每一个环节的增加，产品的价格也越高，而且销售过程中还需要广告费，这些费用最后都由消费者承担，到达消费者手中时，一块钱成本的产品价格可能达到六七块钱。这样，造成消费者或厂家的利益受损。像美国的百事可乐公司请郭富城做广告的所有费用，同时假货的出现，三角债问题也危害着企业的命运，而直销却省去了诸多不利因素。直销则把中间的流程缩短了，是由工厂—直销商—消费者，大家知道两点之间的最近距离是一条直线，产品由工厂直接送到消费者手中，省去了层层中间商，只剩下一个直销商。这样不但把产品的价格降低了，也使直销商获得了更大的销售利润，这对厂家、直销商、消费者都是有利的。

虽然，这种先进的营销方式好处多多，但很难马上被更多的人所认可。因为，认识新生事物需要一个过程，加之"非法传销"浑水摸鱼，于是，许多人排斥直销，拒绝直销，把直销当作"非法传销"的孪生兄弟，说直销就是亲属骗亲属、朋友骗朋友，视直销为洪水猛兽。显然，这是极其错误的看法。如果一个人没有完全了解事物的实质，就妄自论断，不但伤害了别人，也把自己引入了误区，对人对己都不利。人们只要稍微留心了解一下，就会看到直销给社会带来的真正利益，知道从事直销工作是国家认可的一种正当职业。

我们都知道只有优质的产品、高质量的服务，才会赢得更大的经营群和消费群。通过销售产品可不断推荐新的人员从事直销业务扩大销售队伍，使工厂更盈利，能为国家多缴税，直销员也因此生活大有改变，顾客在家就能享用物美价廉的产品及优质的服务，直销不仅搞活了企业，为国家创造大量税收，为社会解决了大量的就业人员，从而改变了许许多多人的生活状况，并方便了消费者，大大促进了国民经济的发展与社会的进步，真可谓利国利民。有利于企业和个人发展经济的繁荣，社会的安定团结，减轻国家负担的良好职业。

为什么这么说呢？因为有时效的推销对经济的繁荣和社会的发展是非常重要的，是整个社会的原动力，经济活动是由买与卖组成的，如果世上没有一群人向另一群人推销的话，整个社会经济活动就会停止，变得毫无生机，更无从谈起繁荣和进步了，先进的产品和技术往往不会自行被市场所接受，直销员的工作就是充分利用自己宣传专长，把现代文明推广到社会的各个角落，从而提高人们的生活素质和生存质量，加快社会经济发展的步伐，因此直销员的推销工作是有益于社会的一种高尚工作。

当代世界最伟大的推销员乔·吉拉德曾说：“每一个直销员都应以自己的职业为骄傲，推销能推动整个世界，如果我们不把货物从货架上和仓库里运出去，美国整个体系就要停滞了”。如果企业没有直销员，就有可能造成产品销量不足甚至积压。那么再好的设备、再先进的技术、再完美的生产管理都毫无价值可言，企业的最终目的是获取利润。而获取利润的最直接手段就是推销产品，没有推销就没有企业的生存与发展，缺少有效的推销，企业也养不活推销人，企业只有通过有效的销售活动，才能带来收入，依靠其他的方法只能增加成本，所以直销员在企业的生命线中占有举足轻重的作用，每家企业的实质从生产到销售无一不是为公众服务的，而人们的购物选择，从一定程度上取决于直销员对产品或商品的宣传介绍，即方便了公众，又帮公众的消费减少了盲目性。另外，直销业还为社会公众提供了就业机会。美国最新统计表明，一名推销员系着19名其他人员(生产线、办公室等人员)的就业，通过推销，无论是繁荣的都市还是偏僻的乡村，人们都能买到自己需要的商品，从而提高了公众的生活水准，所以，直销对公众有益，是平凡而又伟大的行业，即有利于国家、企业、社会、还能帮助别人，从而使自己获得命运的改变，据有关人士调查，在众多的人才市场招聘中，只有营销专业人才需要量大，基于推销工作热门度而言，将来诸多急于自己寻找职业的人，直销将给他们重新择业的良机。

既然直销是一种正当的职业，那它和其他的工作那种付出与收获成正比的公理也不会变。我们知道，在传统的生意中，每个人都要起早贪黑，苦心经营自己的生意，而后才能实实在在得到自己的收益，享受成功的果实。直销的经营理念也是这样，既不强化不劳而获，一劳永逸的情结，也不淡化“一分耕耘一分收获”的哲理，而是极其明确地阐明了丰收的果实是建立在辛勤的耕耘之上，正所谓只有付出才有回报，如若抱着投机取巧的思想，在直销业中绝没有发展前途。

直销是一种正当的职业，我们应该用正确的眼光看待我们身边的直销商，排斥他们，甚至歧视他们，显然是对他们的误解。

直销是人人可为的行业。我们知道做传统的生意面临许多困难。确切地说，不管是做大生意还是小买卖，首先要有本钱。假设现在有一笔房地产生意，明明能赚到 50 万，但投资需 200 万，这就限制了平凡人去从事这笔生意。其次，还要有经验，比如，我们有钱能开一家星级酒楼，可没有经验，这就随时面临着倒闭的危险。所以，在传统的生意中，要想创造财富，必须有超人的技能和特长。

六、全球直销行业概况

现代直销模式在 20 世纪 40 年代起源于美国，短短数 10 年时间从无到有，到现在已经成为美国零售商业的主流模式之一。2000 年，全球直销人口为 3871 万人，年营业额 822.6 亿美元；2002 年，全球直销人口为 4727 万人，年营业额 857.6 亿美元。2004 年，全球直销人口为 4800 万人，年营业额 900 亿美元。

附加材料：直销大事记：

●20 世纪 80 年代末，日本一家卖磁性保健床垫的 Japan Life 公司在我国开展传销业务。该公司未经任何官方的经营许可。

●1990 年 11 月 14 日，中国内地第一家正式以直销申请注册的公司——中美合资广州雅芳有限公司成立，直销正式被纳入了工商管理的正式范畴。

●1994 年 8 月 11 日，国家行政工商管理总局发出《关于制止多层次传销活动违法行为的通告》(233 号文)。9 月 2 日再次发出《关于查处多层次传销活动中违法行为的通知》(240 号文)。非法传销的发展速度得到了遏制。

●1995 年 3 月 28 日，国内贸易部发文，宣布正式成立“多层次传销管理条例”立法工作机构，着手起草多层次传销管理办法。

●同年 9 月 22 日国务院办公厅发出《关于停止发展多层次传销企业的通知》，对国内再次过热的传销进行规范限制；随后不久，国家工商行政管理局制定了《关于审查清理多层次传销企业的实施办法》。

●1996 年 4 月我国政府经过审查，首次批准了 41 家传销企业可以开展多层次传销业务，4 月 28 日，国家工商局向 41 家多层次传销企业颁布了《准许多层次传销经营意见书》。

●1997 年 1 月 10 日，国家工商行政管理局颁布了《传销管理办法》。提出单层次传销和多层次传销的定义。

●由于对多层次传销和单层次传销的区分没有严格的标准，大大小小的非法传销公司如雨后春笋般地涌现出来。以至于到1997年底到1998年初，非法传销大肆猖獗，国家对直销企业几乎失控。1998年4月21日，国务院颁布了《关于禁止传销活动的通知》，对整个传销行业全面禁止整顿。

●同年6月18日，国家三部委(对外贸易经济合作部、国家工商行政管理局、国家国内贸易部)发出《关于外商投资传销企业转变销售方式有关问题的通知》。明文规定：规定“外商投资传销企业必须转为‘店铺+雇用人员推销’的运作模式”，并批准了安利、雅芳、玫琳凯等10家外商投资直销企业转型经营。

●2001年，我国加入WTO。中国政府承诺：以商业方式存在提供的无固定地点批发或者零售服务(包括传销)在入世3年后逐步取消限制。

●2006年7月24日，雅芳公司正式获得国家商务部和工商总局批准，从而成为国内首家被允许进行直销试点的企业。

●2005年9月1日，涉及《直销法》的两部核心条例《直销管理条例》和《禁止传销条例》正式出台。《禁止传销条例》将于11月1日生效，《直销管理条例》于12月1日生效。

已获得直销经营许可并完成服务网点核查备案的企业截止到目前共有20家。列表为直销企业基本信息查询结果：

详细见直销资讯网站 www.zhixiao5.cn

序号	企业名称	服务网点核查备案日期
1	雅芳(中国)有限公司	2006-07-24
2	如新(中国)日用保健品有限公司	2006-12-31
3	宁波三生日用品有限公司	2007-02-06
4	宝健(中国)日用品有限公司	2007-03-15
5	新时代健康产业(集团)有限公司	2007-03-15
6	富迪健康科技有限公司	2007-04-11
7	金士力佳友(天津)有限公司	2007-04-20

8	南京中脉科技发展有限公司	2007－04－23
9	安利(中国)日用品有限公司	2007－05－28
10	欧瑞莲化妆品(中国)有限公司	2007－06－27
11	广东康力医药有限公司	2007－06－29
12	康宝莱(中国)保健品有限公司	2007－07－02
13	完美(中国)日用品有限公司	2007－08－17
14	南方李锦记有限公司	2007－08－24
15	玫琳凯(中国)化妆品有限公司	2007－09－03
16	北京罗麦药业有限公司	2007－10－26
17	广东太阳神集团有限公司	2007－11－05
18	上海美乐家保洁用品有限公司	2007－11－21
19	天津尚赫保健用品有限公司	2007－12－25
20	嘉康利(中国)日用品有限公司	2008－03－12

训练题一

在经过 7 年的转型期之后，雅芳终于又有了直销员。这个有着 119 年悠久直销传统的公司——前身是大卫 &#8226；麦肯尼创建的加州香芬公司——终于还是没能抵挡住直销的诱惑，再一次试图在中国转型，回归自己的主业。

1998 年在遭遇直销风暴之后，雅芳面临巨大的挑战：必须挽救在中国市场刚走上轨道的生意，同时必须留住直销员队伍的骨干。雅芳选择了专卖店作为转型的方式，尽管“专卖店”当时也是大多数直销公司——事实上应该称呼为多层次传销公司——所宣称的转型方式，但是业内人士谁都清楚，真正转型的只有前身为单层次直销公司的雅芳、安利、仙妮蕾德们事实上都只是象征性地开了几家“专卖店”，然后躲在所谓“店铺经营”的幌子下继续开展被改头换面了的多层次传销。

在 1998 年之前，专卖店这种经营形式很少在化妆品领域取得全国性的成功，但雅芳在这之后做到了。雅芳的成功得益于直销的DNA，这些都是其他化妆品公司所不具备的。第一是雅芳绵密的产品线，强大的产品研发机构确保了它每个月都有新品推出以适应市场的需求。这点其实在直销时代就已经具备，在专卖店年代，它更透明直白地展示在市场和竞争对手面前，哪怕是比雅芳全球营业额更大的宝洁公司或是欧莱雅公司，也不见得是雅芳的对手。其次是雅芳在直销时代就注重的人与人、销售人员与消费者之间的多样化沟通方式，这点是任何化妆品公司都不具备的，也是雅芳独特的竞争优势。借助雅芳的会员杂志《Let's Talk》(中文名《女人开讲》)，雅芳把各种产品和促销讯息传递给消费者，这种信息沟通方式在直销时代就存在，那时雅芳的沟通方式是《AVON Calling》(中文名《芳讯》)。一般而言，目录、杂志沟通的方式会在传递的过程中产生很大的折扣，但雅芳在直销时代就注重"通过会议取得成功"，这种自上而下强大的执行能力一直是雅芳企业文化的重要组成部分。雅芳每个月都会通过会议向专卖店店主(也就是雅芳的经销商)沟通公司的各种销售政策和产品讯息，这种强大的沟通和培训能力几乎是雅芳所专有的。雅芳高频次地在全国超过6000家的专卖店召开美容沙龙，这也是直销时代美容讲座的延伸，没有一家公司能比雅芳更贴近经销商，也没有一家公司能比雅芳的销售人员更贴近最终的消费者。她们继续使用"派单"、"邀约"、"促销"、"沙龙"等直销的手法，终于成就了一个年净销售高达税后16亿人民币的专卖店公司。

【问题】 结合本案例谈谈直销的环境要素，直销业的发展状况。

训练题二

伊利推新品，比较常用的是免费尝试，以在口感上形成第一印象。但是免费试饮的结果往往是大庭广众之下消费者不好意思过来尝，或者尝过之后没什么特殊感觉，不难以促成购买。伊利在优酸乳(双果奇缘)起初上市时，也采用了试饮的方法，但是他们给试饮增加了内容：在商超门口不影响过路的显著地方摆上两张长桌，贴上双果奇缘的POP和试饮信息，活动方式是，促销小姐在桌后倒上两杯不同的牛奶，一杯是纯奶，一杯是优酸乳，让消费者品尝，猜出哪杯是优酸乳的人即可得到两份双果奇缘的奖励。由于活动具备趣味性，而且猜对了是以奖励的形式给予赠品，没有索要的感觉，吸引了不少青少年和中青年消费者的兴趣，通过品尝，优酸乳的味道一下子在品尝者的心目中定格，他们把奖品带回去之后，还可以拿给家里人或朋友喝，扩大了试饮群。当时河北地区一个超市的日派送量就达到了几百箱。该活动在新品推广上获得成功，使优酸乳后来拥有了一大批的青少年铁杆消费者。

【问题】 结合训练题一所示案例与本案例，谈谈直销与促销在本质上的区别。

第四节　促　销

一、促销的概念和作用

（一）促销的概念

促销就是营销者向消费者传递有关本企业及产品的各种信息，借以说服或吸引消费者购买其产品，以达到其扩大销售的目的。

那么我们就把企业所从事的这种市场营销活动叫作“促销”。企业的促销活动与其他的市场营销活动是有所不同的。如产品决策、价格策略的选定、分销策略等这些市场营销活动主要是在企业内部进行或者在营销者与营销者之间进行，他们是营销本身的活动。而促销活动，要向消费者宣传或介绍其产品，说服和吸引顾客来购买其产品，所以参与促销活动的双方是营销者与购买者或潜在的购买者。我们把其称为外在的营销活动。

例如，某媒体上发出这样一条广告语：“金兔绵羊绒毛衫——男士的毛衫！”显然，如果消费者阅读到这一广告语，立即就可获得以下信息：该毛衫的品牌是金兔牌，属于上海一著名品牌，产品可信赖；毛衫原材料采用的是绵羊绒，属于高档产品；产品是适合秋冬时令的服饰。

促销实质上是一种沟通活动，如果某一消费者确实想购买一件毛衫，广告语——“金兔绵羊绒毛衫——男士的毛衫！”显然，如果消费者阅读到这一广告语，立即就可获得以下信息：该毛衫的品牌是金兔牌，属于上海一著名品牌，产品可信赖；毛衫原材料采用的是绵羊绒，属于高档产品；产品是适合秋冬时令的服饰。那么将会对他的购买行为产生一定影响。诚然营销者为了与消费者沟通，可采用多种方式以促进产品的销售。譬如，可通过广告传递有关企业及产品的信息；也可通过各种营业推广方式加深顾客对产品的了解，从而促使购买其产品；可以通过各种公关手段提高企业或产品在公众心目中的形象；也可派遣推销员面对面地说服顾客购买其产品。经常使用的促销手段有广告、人员推销、营业推广等。企业可根据现实情况及市场、产品等因素选择一种或多种促销手段进行组合。

（二）促销的内涵

那么，促销是一种什么样的内涵呢？

促销的内涵是：

第一，促销是对顾客购买行为的短程激励活动；

第二，促销是一种战术性的营销工具；

第三，促销是利益驱动购买；

第四，促销是追求结果的销售行为；

第五，促销对冲动性购买有效；

第六，促销不以营建品牌为宗旨；

第七，促销就是为了扩大销量而使用的方法；

第八，促销不是变相广告；

第九，促销是一种市场竞争手段；

第十，促销可以破除“购买习惯”，它是促成第一次购买的好工具；

第十一，促销的目的不是为了提高产品知名度，而是为了让顾客接受产品；

第十二，促销的最高目标是使它自己成为购买首要原因，基本目标是至少成为购买的一个促动因素。

（三）促销的作用

在商品经济条件下，一方面，生产者不能完全清楚谁需要什么商品，何时何地需要，何价格消费者愿意并能够接受等；另一方面，广大消费者也不会完全清楚什么商品由谁供应，何时何地供应，价格高低等。正因为客观上存在着这种生产者与消费者之间“信息分离”的“产”“消”矛盾，企业必须通过沟通活动，利用多种促销手段，把生产、产品等信息传递给消费者和用户，增进其了解、信赖并购买本企业产品，从而达到扩大销售的目的。随着企业竞争加剧和产品增多，消费者收入的增加和生活水平的提高，在买方市场上，广大消费者对商品要求更高，挑选余地更大，所以企业与消费者之间的沟通更为重要，企业更需利用各种促销方式使广大消费者和用户加深对其产品的认识，使消费者愿多花钱来购买其产品。

（四）促销的方法

1. 反时令促销法：一般而言，一些季节性商品，往往会有销售淡旺季之分。因为，大众消费心理是“有钱不买半年闲”，即按时令需求，缺什么买什么。商家也是如此，基本按时令需求供货。所以，商品在消费旺季时往往十分畅销，但消费淡季往往滞销。但现在有些商家会反其道而行，时值暑夏，市场上原本滞销的冬令货物，如毛皮大衣、取暖电器、毛皮靴、羽绒服等在某些城市销售看好。这就是大家常说的“反时令促销”。有心计的商家常常有换季商品甩卖之举，而消费者中不乏买者，主要是能获得时令差价。

2. 独次促销法：商家对热门畅销的商品大量进货，大做广告，不断扩大销售量，因商家的经营原则是必须赚回能赚到的利润。但意大利著名的莱而商店却反其道行之，采用独次销售法。这个商店对所有的商品仅出售一次，就不再进货，即使十分热销也如此。表面上，这家商店确实损失了许多唾手可得的利润，但实际上商店因所有商品都十分抢手从而使商品周转加速，实现了更大的利润。这是因为商店有效地抓住了顾客“物以稀为贵”的心理，给顾客留下强烈印象，顾客觉得该商店销售的商品都是最新的，机不可失，失不再来，万不可犹豫。所以，在这个商店上的任何商品一上市，就会出抢购的场面。

3. 翻耕促销法：这是指以售后服务形式招徕老顾客的促销方法。一些销售如电器、钟表、眼镜等的商店对顾客的姓名和地址进行专门登记，然后，通过专门访问或问卷形式，了解老顾客过去在该店所购的商品是否有什么毛病？是否需要修理等，并附带新商品介绍。而这样做的目的在于增强本店在顾客心中的好感度，并使之购买相关的新商品，往往会收到奇效。这种促销方式关键在于商店拥有了完善的顾客管理系统，能经常性地与顾客保持深入沟通。

4. 轮翻降价促销法：这就要求商家分期分批地选择一些商品为特价商品，并制作大幅海报贴于商店内外，或印成小传单散发给顾客。这些特价商品每期以几种为限，以求薄利多销，吸引顾客，且每期商品不同，可以迎合顾客的好奇心理。于是，顾客除了来店选购特价商品外，还会顺便购买其他非特价商品。诚然，特价商品利润低微，甚至没有利润，但是搭配促销其他商品，可得到补偿。

5. 每日低价促销法：即商家每天推出低价商品，以吸引顾客的光顾。它与主要依靠降价促销手段与扩大销售有很大不同，由于每天都有低价商品，所以是一种相对稳定的低价策略。这种低价使消费者对商店增加了信任，节省人力成本和广告费用，使商店在竞争中占据有利地位。值得注意的是低价商品的价格至少要低于正常价格的10% ~20%。否则难对顾客构成吸引力，便达不到促销的目的。

6. 最高价促销法：一般而言，价格促销实际上就是降价促销，降低价格确能吸引消费者的注意力。但有些商店却打破常规，在“全市最低价”、“大减价”、“跳楼价”等广告铺天盖地时，贴出一张与众不同的最高价广告，声称“酱鹅全市最高价：十元一斤”。这则广告说的实在，不虚假，信任度高，同时含蓄地点明本店的酱鹅质量是全市首屈一指的。市民们会有片刻诧异，但很快出现了竞相购买“全市最高价”的酱鹅热潮。某些零售商店实际上也适合这种促销方式，尤其是以高收入层为目标顾客的商店，以这种高价满足这群人的心理满足，显示他们的身份和地位，满足这种消费者心理，也许也能收到一定的促销效果。

7. 对比吸引促销法：以换季甩卖、换款式甩卖、大折价等优待顾客，同时把最新最流行的商品摆在显眼的样品架上，标价则为同类而非流行商品的两三倍。在同样架下或架旁两种价格对比中最能吸引顾客的注意。当顾客发现新流行的商品，一般都把它与非流行的做比较。好时髦者往往就会看中高价商品，讲究实际者则往往选择廉价的非流行商品。这样，对两种商品均起到促销作用。

8. 拍卖式促销法：当今时代，各大商店林立，商业竞争激烈，简单、陈旧的促销方式不足以吸引更多的顾客，拍卖也就成为商店促销的一条新思路。拍卖活动要写清楚本次拍卖活动的商品名称，拍卖底价。通过拍卖卖出的商品有的高于零售价，有的低于零售价，令消费者感到很富有戏剧性。拍卖形式新鲜，有趣，但也不宜每天都做，否则就无新鲜可言。通常可以选择在周末，节假日等时间，那时，消费者会有充足的时间参加拍卖活动，从而取得好的效果。如果在平时，人们需要工作，即使对拍卖有兴趣也没有足够的时间来参加。

二、促销的七个市场作用

(1)缩短产品入市的进程。

(2)激励消费者初次购买，达到使用目的。

(3)激励使用者再次购买，建立消费习惯。

(4)提高销售业绩。

(5)带动相关产品市场

(6)节庆酬谢。

三、促销范文

××家电公司现场促销活动策划书

一、期限

自××年××月××日起至××年××月××日止，为期3个月。

二、目标

把握购物高潮，举办“超级购物接力大搬家”，促销××公司产品，协助经销商出清存货，提升公司营业目标。

三、目的

(一)把握圣诞、元旦以及结婚蜜月期的购物潮，从而吸引消费者对“接力大搬家”活动的兴趣，引导消费者选购××产品，以达到促销效果。

(二)“接力大搬家”活动在a、b、c三地举行，并借此活动进口家电，重点引向××国市场。

四、对象

以预备购买家电之消费者做对象，以××产品的优异性能为主要诱因，引导购买××公司家电，利用“接力大搬家”活动，鼓舞和刺激消费者把握时机，即时购买。

五、广告表现

(一)为配合年度公司“××家电”国际市场开发，宣传媒体的运用，逐渐重视跨文化色彩，在地方性报纸、电台媒体、电视节目的选择中，亦依据收视阶层分析加以考虑。

(二)以××公司产品的优异性能为主要诱因不并接力大搬家S. P.活动为助销手段，遵循此原则，对报纸广告表现之主客地位要予以重视。

(三)TV 广告，意在赢得国际消费者，促销欣赏角度并重，拟针对这次活动，提供一次 30 分钟实搬、试搬家录现场节目，并撷取拍摄 15″广告用 CF 一支，作为电视插播，争取雅俗共赏，达到消费者的强烈需求。

(四)POP：布旗、海报、宣传单、抽奖券。

六、举办“经销商说明会”

为配合国际市场的开发策略，并增加此次活动的促销效果，拟会同公司及分公司营业单位，共同协办“年末促销活动分区说明会”，将本活动的意义、内容及对经销商之实际助益进行现场讲解，以获求充分协助。

七、广告活动内容

(一)活动预定进度表

注：“接力大搬家”日期拟定于圣诞前后，理由有二：

1. 圣诞前后正属于购货高潮期，应予把握。

2. 圣诞前后，是目标市场消费者非常忙碌的时刻；交通必然拥挤，交通的问题不易妥善处理。

(二)活动地区

在××国 A、B、C 三地，各择具备超级市场的大百货公司举行。

(三)活动奖额

1.“接力大搬家”幸运奖额

(1)A 地 300 名，B 地 200 名，C 地 100 名，如下表：

“接力大搬家”幸运奖地域分布

区别 次别	A 地	B 地	C 地
首次抽奖	120 名	90 名	70 名
二次抽奖	130 名	100 名	70 名
合 计	300 名	200 名	100 名

(2)以户为单位，每户限时相同，均为 9 分钟。

(3)每户 9 分钟，以接力方式进行。

2.“猜猜看”活动奖额

(1)完全猜对者要一名，与搬最高额者同额奖品，同时猜中者均分。

(2)附奖 5 位，最接近搬最高额者，每名赠××品牌家庭影院一套，超出抽签决定。

（四）活动内容说明

1. 收件期间：自××年××月××日至××年××月××日，在A、B、C三地举行试搬，除选定之百货公司本身大作宣传外，并加以录像拍制现场，节目于××月××日8点档播放，借以宣传于观众来了解活动内涵，同时剪录15″CF“试搬”情况，做电视插播，广为宣传，刺激销售，增加回收的件数。

2. 分两次抽奖原因：

①越早购买中奖机率会高，第一次未中，还可参加第二次抽奖。

②由于活动期间较长，可借抽奖分次活动，刺激消费者恢复销售高潮。

3. 参加资格及办法

（1）超级购物接力大搬家部分

A. 凡自活动日起购买××公司产品价值1000元以上者，以1000元为一单位，可向各地总经销商索取幸运券一张，参加抽奖，多买多送。

①如电视5220元即送5张。

②幸运券填妥寄××总公司。

③三地各分北、中、南三区，幸运券亦分3色来区别。

④以1000元为单位即赠幸运券一张的理由如下：

A. 不限买××家电方可参加，对所有××公司产品均有相互促销作用。

B. 让消费者依购买额之多少，持有较多幸运券，吸引力较强。

C. 预算奖额并无差异。

D. 经销商依各产品在库的金额请领幸运券，可以其为P. R.用。

E. ××公司、经销店以及参与企划、活动单位的员工及其亲属，不得参加此次抽奖活动，抽中者如被察觉，视为无效。

（2）“猜猜看”部分

任何人都可以参加，猜三地各区接力大搬家，搬得最多的金额，猜中者可得同等金额的奖品，若两人以上同时猜中，则均分奖额。另选数字相近的5人，各赠××牌家庭影院一套。××月××日截止。

（3）幸运的新婚蜜月环岛旅游

凡被抽中为参加“接力大搬家”之幸运者，并又在此活动期间新婚者，另赠蜜月旅游券两张，来刺激结婚期××公司产品之销售。

（4）奖额预算

300万元以内。

（五）与上次“超级接力大搬家”改进之点

1. ××公司、××公司经销商，以及参与企划单位的员工及其家属不得参加抽奖，抽中无效。

2. 活动期间根据情况拉长为两个月。

3. 重点在促销，且此次拟举办“经销商说明会”，幸运券的分配，当较为妥善均匀。

4. 用 TV 做现场节目的介绍，并播放 15″CF，可使消费大众对百货公司的超级市场有所了解。

5. 根据上次经验，针对百货公司之签约，当立下多利于本身的条件，不致超出预算。

6. 搬家时间全部均定为 9 分钟。

7. 搬家日，另致邀函，请经销商到场参观，加强地方经销商的协调色彩。

8. 报纸及其活动的广告表现，均重视优异性能并以“接力大搬家”来销售，且媒体选择趋于大众格调。

9. 媒体整体运用趋向于平面广告，并对超级市场的说明予以加强。

10. 整个活动分两个高潮，促销效果好，并将试搬提前，对购买欲望之提高，将会有助益。

11. 经销商政策已做全面改进。尤其以 P. P. 物大量补充。

12. 售后服务，将在广告内提出，在整体配合上，改进面颇多。

八、预算分配

（一）活动部分

1. 奖额 150000 元

包括“接力大搬家”奖额及“猜猜看”奖额。

2. 杂项 11000 元

包括 P. R. 费、主持人费、车马费、午餐费等。

3. S. P. 费用 10000 元

包括幸运券、帆布袋、传单、布旗、海报。

（二）广告媒体费用

1. 报纸 180000 元

2. 电视节目 170000 元

3. SPOT170000 元

4. 杂志 12500 元

5. 电台 50000 元

总合计：735500 元

注：①整理费用计划利用工厂临时作业员两人协助，不另做预算。②电台部分提高为 8 万元。③应增列现场拍摄记录片多出制作费之费用约 1 万元。④待呈准后，应详列预算表，并附正式估价单报准。

广告媒体之选择分析：

1. 报纸部分

为配合“××公司家电”市场开拓，此次报纸媒体和地方性报纸显见增加，并就此次活动，多发消息，以助其宣传。

2. 电视部分

改变过去××公司重视高格调的表现和节目选择，在广告表现上，采用平易近人的说明方式，并以 SLIDE 及 CF 播放；在节目选择上，参考××公司提出打的 10 月份收视率调查结果，使其中层次更为明显，普遍对大众做“大众化”的诉求，如影片、连续剧、综艺节目的综合运用。

3. 电台部分

突破历年的保守方式，在地方台大量播放，并拟采用英语、中文配合播出。

训练题

1. 促销的概念及其作用。

2. 结合本节实例自己设计一份促销活动策划书，要求格式齐全，内容丰富，有较强的市场操作性。

第五章　策略运用

学习要点　本章主要是对市场营销学中的销售策略进行深入的学习，通过对产品策略、定价策略、分销策略和促销策略的剖析，理解性的掌握这些销售策略在市场中的作用，并学会灵活运用这些营销策略，为市场与思维的结合打下坚实的基础。

第一节　产品策略

——雕牌的产品策略分析

雕牌以其独特的产品形象和产品的多样化走进了百姓的家庭，成为家喻户晓的品牌。从雕牌的成长，我们来共同分析一下产品策略的应用效果。1992 年 5 月，纳爱斯在与香港丽康公司合作之后，前瞻性地将突破点锁定在洗衣皂上。这是一个无人问津的消费领域：地方货各自为营，根本没有全国性品牌，但市场就在这里。要在洗衣皂上打开缺口，就得从内质上进行改造。雕牌“超能皂”以其特有的颜色（蓝色）与造型（中凹）出现在老百姓的面前，而它特殊的形象代表——“大雕”更是意喻去污的迅捷。

紧接着雕牌“超能皂”又快速上马。形状由大变小，一手可握，淡淡的清香，配以中档的价位，一上市，迅速被消费者接受，雕牌“超能皂”成功了！它找到了市场空白点，并用差异化赢得了市场，并迅速成为领导品牌。

1999 年，雕牌对外宣告其建成了全世界四台之一的全自动喷粉设备，雕牌洗衣粉的价格就降到了一箱 29 元，2000 年初，雕牌亲情广告在中央电视台高频次播出，雕牌洗衣粉带着亲情、带着关怀、带着深深的文化底蕴走进千家万户。

2000 年，雕牌洗衣粉再接再厉，将奇强的销量定格在 38 万吨，继洗衣皂之后又拿到一个第一。2001 年，雕牌以销量 89 万吨，奇强销量 29 万吨，雄踞霸主地位。

在洗衣皂和洗衣粉市场上胜局初定之后，纳爱斯又开启了其品牌延伸策略：雕牌牙膏、纳爱斯香皂等，一个个出笼了。2001 年，纳爱斯还增加了水晶皂、沐浴露、洗发水等产品。

雕牌的成功在于它抓住了产品自身的特性，成功地运用了产品的各种策略，将产品与市场充分地结合，不断地推陈出新，使其他品牌望尘莫及。我们也从中领略到了产品策略运用的优越性。通过本节的学习，我们将对产品策略进行一一的剖析。

一、产品的整体概念

产品是指能够从市场上得到的，用于满足人们某种欲望和需要的任何事物，包括实物、服务、场所、地点、组织、人员、思想、创意和观念等各种形式。产品可以从内涵和外延两方面来看，例如北京科宝博洛尼公司是一家专门从事高档橱柜和厨房电器设备的合资企业，合资前该公司主要生产经营抽油烟机、燃气灶、排烟柜等产品，从 2001 年与意大利博洛尼公司合资，倡导"生活在厨房"的生活新主张。以先进技术和管理经验，优化产业结构，成为行业的龙头企业。科宝博洛尼公司的产品充分体现了产品的外延的层次，合资的作用在于使产品扩大化，增强了产品的外延效用。

二、产品组合及策略

(1)产品组合是指某一企业生产经营的全部产品生命线、产品项目结构，又叫产品的各种花色品种的配合。

(2)产品组合策略是根据企业的经营目标，对产品组合的宽度、深度、长度和关联度进行最优组合。主要包括以下几种：①全线全面型策略；②市场专业型策略；③产品系列专业型策略；④有限产品系列专业型策略；⑤特殊产品专业型策略。企业在确定上述的具体产品组合策略时，应该依据不同的情况，可以选择下列不同的动态性产品组合策略。包括扩大产品组合、缩减产品组合、产品延伸。

三、产品进化策略

产品进化策略是指企业随着科学技术和市场需求的变化而对产品的创

新。产品的进化策略包括两个模式，一个是“渐进型”模式，一个是“突变型”模式。提到产品的组合与进化策略，我们以微软为例，成立于1975年的微软公司经过20多年的发展，在全球50多个国家和地区设有分公司，共有员工44000多人，其董事长比尔·盖茨在2000年前后荣登世界首富的宝座，并造就了3000多个百万富翁。微软的成功，在很大程度上取决于其产品策略。

产品组合策略　微软采用了各种产品组合策略，在中国的产品类型主要有：商用软件、操作系统平台、开发工具、Internet技术、硬件产品系列、Macitach产品系列和家用游戏产品系列等。不但其产品涉及的面广，而且其同一类型的产品考虑了不同人的需要。

产品进化策略　微软公司在其产品的进化过程中，采用了“突变型”和“渐进型”两种方式。如在DOS与WINDOWS 1.0的转变中，以及WINDOWS 3.2到WINDOWS 95的转变中，微软公司采取了“突变型”产品进化模式。与DOS命令形成强烈的反差，WINDOWS 95的出现，给人们带来了视觉一新的效果。“我的电脑”、“我的文档”、“控制面板”等人性化的操作，使大多数人摆脱了语言的限制，即使没有受过专业训练的人也能顺利操作。从WINDOWS 95到WINDOWS XP，微软采取了“渐进型”模式的新产品的进化策略。

微软将产品组合策略和产品进化策略成功的运用到市场运营当中，并在产品研发时就已经做好了相应的准备，所以说微软的成功也是其产品运作效果的体现。

四、产品生命周期

一种产品从投入市场到最终退出市场的全过程称为产品的生命周期。依据产品的市场占有率、销售额、利润额的不同，典型的产品生命周期可以分为导入期、成长期、成熟期和衰退期四个阶段。

（一）导入期的营销策略

导入期的营销策略应该突出一个“准”字，即市场定位和营销组合要准确无误，符合产品和市场的客观实际需要。在这个阶段，企业要为诸如价格、促销、分销和产品质量等各个营销变量分别设立高或低两种水平。

（二）成长期的营销策略

成长期要突出一个“稳”字。可采取进一步改进和完善产品、寻求新的细分市场、改变广告宣传重点、在适当的时期采取降价策略。

（三）成熟期的营销策略

要突出一个“创”字，以便延长产品寿命。成熟期通常采用调整市场、调整产品、调整营销组合等策略。

（四）衰退期营销策略

这一时期主要采取继续策略、集中策略、收缩策略和放弃策略。以此来降低企业的利润损失。

【经典案例】

阿胶壮骨胶囊的产品生命周期

阿胶壮骨胶囊作为补钙补血又兼备治疗功效的准字号产品，自从五年前刚一进入市场就显现出了强大的市场生命力，作为该药品的研发者吴老板，掌管着一家颇具规模并且有着地域知名度的制药企业，而且他是学医学药的科班出身，具有很强的专业性，因此该产品一上市就呈现强猛的发展势头。但阿胶壮骨胶囊到了第四个年头开始，就呈现出下滑态势，整一年时间一滑再滑，他本想着在新一年运用了一些解决策略能够有所缓解，没曾想到了第五个年头时，产品销售不仅下滑势头没有得到有效扼制，而且下滑速度明显还加快了。

往往一个产品就是决定一个企业生死存亡的最终归宿，吴老板一时也苦无良策。专家给出了解决妙方，找出新的替代产品。或在产品包装、名称上进行改良，这一转变收到奇效，吴老板的企业重新焕发了青春。

由上面的案例可以看出，产品的生命周期是有规律性的，无论是成熟期还是衰退期都是产品必须要经历的一个过程，重要的是如何在不同的周期运用相应的策略，以达到良好的效果。

训练题

1. 外国人对中国的产品有“一流的品质、二流的服务、三流的价格与四流的包装”的印象，我们对此应该如何改进以提高产品在国际上的竞争力？试用产品组合策略进行分析和论述。

2. 曾经有过很长时间，市场上只有一种可口可乐、一种汰渍洗衣粉。而现在，我们可以找到经典可乐、健怡可乐、樱桃可乐和其他一些受欢迎的软饮料。汰渍洗衣粉也推出了超能型、液体型、无气味型和其他一些新配方。似乎每一个大品牌都已经大大地延伸了，其中一些甚至已经超过了临界点。列举这样的产品进化策略给制造商、零售商和消费者带来了问题。

3. 如果产品生命周期的确存在各个阶段，哪一阶段最重要呢？哪一阶段最冒险？哪一阶段最有利润潜力？哪一阶段需要最多的及时管理？解释其原因。

第二节　定价策略

——周大福“一口价”策略

周大福目前在珠宝界是一个知名的品牌。珠宝饰品价格是消费者与商家能否达成交易的关键所在，在价格策略上，周大福创出了一套有别于其他同行的新路子。周大福创新性地推出了“珠宝首饰一口价”的销售政策，通过“薄利多销”的经营模式，节省了消费者讨价还价的时间，让顾客真正体验货真价实的感受。周大福还自己创立了首饰加工厂，使生产成本降至最低，并获得了全球最大钻石生产商——国际珠宝商贸公司 DTC 配发钻石原石坯加工琢磨和钻石坯配售权，保证了它最低的原料成本和较强的竞争实力。定价策略是指企业根据市场中不同变化因素对商品价格的影响程度采用不同的定价方法，制定出适合市场变化的商品价格，进而实现定价目标的企业营销战术。周大福的独特的定价策略，提升了它的品牌形象，达到了意想不到的效果。定价策略的应用将大大增加企业的效益，我们通过本节的学习，进一步了解一下定价策略的内容。

一、新产品定价策略

为了实现定价目标，在产品定价策划时，一般采取取脂定价策略、渗透定价策略和满意定价策略。

（一）取脂定价策略

取脂定价策略，又称撇脂定价策略，是指企业在产品生命周期的最初阶段，把产品价格定得很高，以攫取最大利润。以求尽快收回成本，然后逐渐降低价格的策略。例如柯达公司生产的彩色胶片在 20 世纪 70 年代初突然宣布降价，立刻吸引了众多的消费者，挤垮了其他国家的同行企业，柯达公司甚至垄断了彩色胶片市场的90%。到了80年代中期，日本胶片市场被富士所垄断，富士胶片压倒了柯达胶片。对此，柯达公司进行了细心的研究，发现日本人对商品普遍存在重质而不重价的倾向，于是制定高价政策打响牌子，保护名誉，进而实施与富士竞争的策略。他们在日本发展了贸易合资企业，专门以高出富士1/2的价格推销柯达胶片。经过5年的努力和竞争，柯达终于被日本人接受，走进了日本市场，并成为与富士平起平坐的企业，销售额也直线上升。柯达能成功地走进日本，是其恰当地运用取脂定价策略的结果，也显示出运用取脂定价策略的作用和意义。

(二)渗透定价策略

渗透定价策略，又称薄利多销策略，是指企业把它的创新产品的价格定得很低，使新产品以物美价廉的形象，吸引顾客，占领市场，以谋取远期的稳定利润。例如戴尔公司通过低成本的邮购渠道销售高质量的电脑产品，其销售量直线上升。以低价格来换取高销售量，高销售量导致更低的成本。

(三)满意价格策略

满意价格策略，又称平价销售策略，是介于取脂定价和渗透定价之间的一种定价策略。

二、差别定价策略

所谓差别定价，也叫价格歧视，就是企业按照两种或两种以上不反映成本费用的比例差异的价格销售某种产品或劳务。差别定价有四种形式：顾客差别定价、产品形式差别定价、产品部位差别定价、销售时间差别定价，例如美国的波士顿市中心有一家“发林联合百货公司”，在其商场的地下室门口挂着“法林地下自动降价商店”的招牌。走近之后，你会发现货架上的商品除了标明售价以外，还标着该件商品第一次上架的时间，旁边的告示栏里说明，该件商品按上架陈列时间自动降价，陈列时间越长，价格越低。比如某种商品陈列了13天还没售出，就自动降价20%，又过6天，降价50%，以此类推，到一个月的时候就会送到慈善机构，但大多数商品在一个月内就被抢购一空。销售时间差别定价是商家为吸引消费者，尽快产生购买欲望和购买行为的良好的定价方法，现已被很多商家在实际销售中采用。

三、心理定价策略

心理营销定价策略是针对消费者的不同消费心理，制定相应的商品价格，以满足不同类型消费者需求的策略。心理营销定价策略一般包括尾数定价、整数定价、习惯定价、声望定价、招徕定价和最小单位定价等具体形式。

（一）尾数定价策略

尾数定价又称奇数定价、零数定价、非整数定价。它是指企业针对消费者的求廉心理，常以一些奇数或吉利数为结尾，如某品牌的29寸彩电标价998元，给人以便宜的感觉。认为只要几百元就能买一台彩电，其实它比1000元只少了2元。尾数定价策略还给人一种定价精确、值得信赖的感觉。

（二）整数定价策略

整数定价是指在定价策划方案中商品的价格以整数结尾的定价策略，常以偶数，特别是以零为结尾。整数能给人一种方便、简洁的印象。

（三）习惯性定价策略

某些商品需要经常、重复地购买，因此这类商品的价格在消费者心理上已经定格，成为一种习惯性的价格。如买一块肥皂、一瓶洗涤灵等。对这些商品的定价，一般应依照习惯确定，不要随便改变价格，以免引起顾客的反感。善于遵循这一习惯确定产品价格者往往得益匪浅。所以该策略主要针对一些家庭日用品。

（四）声望定价策略

这是一种根据产品在消费者心目中的声望和产品的社会地位来确定价格的定价策略。

（五）招徕定价策略

招徕定价又称特价商品定价，是一种有意将少数商品降价以招徕吸引顾客的定价方式。商品的价格定的低于市价，一般都能引起消费者的注意，这是适合消费者求廉心理的一种定价策略。

（六）最小单位定价策略

最小单位定价策略是指企业把同种商品按不同的数量包装，以最小包装单位量制定基数价格，销售时，参考最小包装单位的基数价格与所购数量收取款项。一般情况下，包装越小，实际的单位数量商品的价格越高，包装越大，实际的单位数量商品的价格越低。

四、折扣定价策略

折扣营销定价策略是通过减少一部分价格以争取顾客的策略，在现实生活中应用十分广泛，用折让手法定价就是用降低定价或打折扣等方式来争取顾客购货的一种售货方式。分为数量折扣策略、现金折扣策略、功能折扣策略、季节性折扣策略、推广让价策略和运费让价策略，如现在很多人在网上出售货物，都采用此策略，购买的货物由卖家提供运费。

五、地区定价策略

所谓地区性定价策略，就是企业要决定：对于卖给不同地区（包括当地和外地不同地区）顾客的某种产品，是分别制定不同的价格，还是制定相同的价格。也就是说，企业要决定是否制定地区差价。地区性定价的形式有：FOB 原产地定价、统一交货定价、分区定价、基点定价、运费免收定价等。

六、分档定价策略

所谓分档定价，指拉开档次定价，是迎合消费者消费水平的需要，让消费者购买到“适合”自己的商品。

【经典案例】

家乐福灵活定价策略

家乐福是国际连锁的大型超市，从进入中国的市场以来，一直在消费者心中塑造了一个低价超市的形象，但事实上，并非家乐福所有商品都是低价。一份调查表明，家乐福 1/3 的商品价格比国内零售企业低，1/3 的价格持平，1/3 的价格要高。但在消费者看来，家乐福就是物美价廉的代名词，可见其高超的定价策略。

首先，家乐福在开业头几天把商品价格定得很低，形成良好的印象。并从商店布局、特价商品目录的发送、商品陈列展示等方面都进行了细致地考虑；其次，特价商品一直摆放在商店最显眼的地方，如人流集中的中央通道边、货架两端、收款台旁等；第三，家乐福会轮流选择一些低值耗、需求量大、周转快、购买频率高的商品，如：牙膏、肥皂、饮料等，制定特低价格来招徕客户。节假日、双休日这种商品更多一些，做到特价销售，常年不断，周期性循环；第四，家乐福还采用了招徕定价和特价商品策略。使顾客只记住了这种商品的特低价格，而忽略了其他商品以正常价格甚至稍高价格出售。

由上面的例子可以看出，企业运用价格策略可以塑造良好的形象，为企业创造更多的利润。

训练题

1. 一公司会为产品设定一低价以阻止竞争者进入市场，从新产品定价策略考虑是否存在这样的情况，即公司故意吸引竞争对手进入新市场而设定高价？

2. 假设你是一所大学分管财务的副校长。过去3年，入学人数和收入以每年10%的速度稳步下降，你处于提高学费来弥补收入的巨大压力之下。然而，你预计学费上涨会使情况更糟。你在决策之前需要考虑哪些内部和外部因素？从心理定价策略考虑怎样来提高学费？

3. 用定价策略分析中国汽车业界的价格战？

4. 清洁剂A每32盎司卖2.19美元，而清洁剂B每26盎司卖1.99美元。哪个产品品牌更有吸引力？假设质量一样，哪个价值更大？用这种方法定价考虑了什么心理因素？

5. 对大型商场销售返券行为用折扣定价策略理论进行分析？

第三节　分销策略

——奥普浴霸成功地分销策略

澳大利亚奥普卫浴电器(杭州)有限公司是专业从事卫浴电器研发、生产和营销的国际化现代企业。其代表产品“奥普浴霸”(浴室取暖设备)在国内外颇受欢迎，仅此一项奥普公司在中国地区的年销售额便超过2亿元。已拥有近300万用户，其独特的市场营销策略和先进内部管理方式，是其成功的保证。

首先，建立归属感，奥普现在的CEO就是原来西安的代理商，奥普的代理商制度是在合作过程中，是一方吸纳另一方融入，建立彼此信任、理解、同舟共济的关系，奥普选择代理商有其独到方法，他们把志向一致、目标相同、条件相仿的代理商纳入到奥普的利益共同体系中来。所以奥普的许多“合作伙伴”都是与奥普一起发展壮大起来的。这是其成功的合作策略。

其次，奥普公司设定所有代理均为城市代理，以服务半径作为市场划分的标准，并建立了代理商模型，每个模型都设计了发展的方向。在模型中设定了不同的工作侧重点，以便工作的有效开展，统一执行。

再次，公司对代理商的科学管理也是奥普成功的原因之一。奥普公司有一整套建立商务代理的文件，如《代理商素质描述文本》中描述了代理商应该具备的素质。还制定了相应的《代理合同》。

最后，奥普建立了防止窜货的9条独到的经验，具体是奥普公司建立了科学稳固的代理商制度；严格遵循市场规律；给代理商多种形式的鼓励政策；实行产品代码制；对于代理商的业绩考评采取结果和过程双重考核，强化代理商的本市场的深度开发能力；压缩通路长度和层级，让真正开发市场的代理商享受合理的回报；各层级的价格空间实行实价制；强化代理商的售后服务能力；实行免费送货等。强化了企业的凝聚力，树立了企业在消费者心目中的信心。

奥普以其独特的分销方式占据了绝对的市场份额，从奥普的成功我们可以领略到分销策略对于企业的独具匠心的作用，本节我们将结合案例进行分销策略的细致分析。

一、分销策略

分销策略是市场营销组合策略之一。它同产品策略、促销策略、定价策略一样，也是企业能否成功地将产品打入市场，扩大销售，实现企业经营目标的重要手段。分销渠道策略主要涉及分销渠道及其结构；分销渠道策略的选择与管理；批发商与零售商及实体分配等内容。

二、分销渠道

分销渠道是指某种货物和劳务从生产者向消费者移动时取得这种货物和劳务的所有权或帮助转移其所有权的所有企业和个人。主要包括中间商，代理中间商，以及处于渠道起点和终点的生产者与消费者。

三、分销策略的种类

(一)密集分销策略

密集式分销最适用于便利品。它通过最大限度地便利消费者而推动销售的提升。采用这种策略有利于广泛占领市场，便利购买，及时销售产品。而其不足之处在于，在密集分销中能够提供服务的经销商数目总是有限的。

(二)选择分销策略

生产企业在特定的市场选择一部分中间商来推销本企业的产品。采用这种策略，生产企业不必花太多的精力联系为数众多的中间商，而且便于与中间商建立良好的合作关系，还可以使生产企业获得适当的市场覆盖面。

(三)独家分销策略

即生产企业在一定地区、一定时间只选择一家中间商销售自己的产品。独家分销的特点是竞争程度低，它比较适用于服务要求较高的专业产品。

【经典案例】

乐凯胶卷的分销策略

中国胶卷市场的大规模竞争从1996年开始，在国际著名感光材料跨国公司大举挺进国门，依靠雄厚的实力，加大营销投入和专卖店、连锁店的建设，并且投入巨资合资组建新的生产线的情况下，乐凯面临着严峻的挑战。在困难面前，乐凯坚持以市场为导向，系统谋划，根据产品特点和市场需求，制定了自己的渠道策略，取得了较好的效果。胶卷的销售需要专业的营销网络进行分销和从事售后服务，因而，控制营销网络和销售渠道成为竞争的主要制高点。为此，乐凯公司采取了建立自己的渠道网络和利用代理商分销相结合的渠道策略。一方面，乐凯公司长期以来一直在构筑自己的分销网络，早在20世纪80年代就在全国大中城市设立了32个乐凯彩扩服务部，以此为基础，目前它在全国已拥有近千家专卖店和1400家特约彩扩店。现在，乐凯专卖店的建设以每天一家的速度增加。

另一方面，乐凯充分利用社会力量扩展营销网络。全国乐凯部重点加强了基础设施建设，逐步向区域营销中心过渡。以乐凯部为基点，在各地选择了一批信誉好、市场辐射能力强的商家作为乐凯的地区代理，建立起一个乐凯代理分销体系，借助社会力量营造市场、拓展市场。对销售网点的建设，乐凯公司注重从数量型扩张向质量效益型扩展，坚持“建一个成一个”。全国乐凯部、乐凯专卖店进行了整合，并大力推行规范化、标准化的管理与服务模式，重点提高各个网点的服务品质，树立品牌形象。当前乐凯已在国内建立了以三十多个乐凯部为中心，近千家乐凯专卖店，千余家特约冲扩店，联结数百个分销代理商，辐射数万零售冲扩点的分销网络。优良的质量，得力的分销网络，加上各种适应市场需求的营销策略，大大带动了产品销售与市场拓展。由以上案例可以看出乐凯的成功，表明在市场上灵活地运用分销策略的优势。也说明分销策略同其他策略一样能够使企业在市场竞争中立于不败之地。

1. 从胶片类产品的特点评价乐凯的分销策略。

2. 面对强大的竞争对手，乐凯的分销策略还应作哪些完善？

训练题

1. 企业在互联网时代有哪些渠道决策？

2. 联想科技商城先后在全国九个中心城市建立了分店，成为中国目前最大的 IT 产品连锁直销机构，从分销渠道的角度看这对联想品牌的发展有什么好处？

3. 从分销策略的角度分析服务可以分销吗？

4. 如果你的公司还不为市场所熟知，你将选用哪种分销策略？

第四节　促销策略

——蒙牛的促销策略

蒙牛，3 年时间从千名之外跻身行业四强；3 年时间打造“中国驰名商标”；3 年时间完成销售额 19.5 倍的增长，成为《当代经理人》2002 中国成长企业百强冠军。

当今社会的快速消费品行业的各种促销活动铺天盖地，蒙牛的成功也离不开其独特的促销策略，我们来具体剖析一下蒙牛采取了哪些促销策略：

（一）蒙牛广告

1999 年 6 月，刚刚成立的蒙牛乳业首次投入 35 万元包揽了央视 6 套两个月的阶段广告，当年蒙牛销售额为 4300 万元，尝到甜头的蒙牛迅速加大广告投入，2002 年蒙牛的广告花销为 6000 万元左右，其销售额已突破 21 亿元。2006年销售额100亿元，以蒙牛3 %的广告投入拉动年销售额250%，这是蒙牛一直以来遵循的广告投入原则。

1. 巧借他势，凸显自我。为确保出师名正言顺，为避免战场腹背受敌，1999年的乳业场上，蒙牛一出生便打出了第一块广告牌：蒙牛向伊利学习，做内蒙古第二品牌。在其产品包装上也表明：为民族工业争光，向伊利学习。从此，人们知道了在内蒙古的千里草原上，除了伊利，还有蒙牛。蒙牛与伊利品牌是紧密联系在一起的，共存共荣，共同发展。

在一些重要时刻，蒙牛的广告策划非常大胆。2001年北京申奥，蒙牛第一个站起来，“我们捐赠1000万”。语惊中华。待群情稍稍平覆，蒙牛策划进一步深入，“一厘钱精神，千万元奉献”，即在每根雪糕、每袋牛奶的销售收入各提取1厘钱，7年延期付清，“真情”流露一目了然；2003年，非典肆虐，截至5月6日，蒙牛累计捐款物资1160万元，包括860万元人民币和价值300万元的蒙牛纯牛奶，“真诚”之心溢于言表。这种品牌形象的集束传播，使得蒙牛得以以最小的资本投入，最快的速度，获得与伊利“能力”品牌个性相辉映的鲜明品牌形象。

2. 稳步发展，阶段跟击。在伊利已走向全国的情况下，蒙牛也该走出内蒙了。2001年6月，蒙牛以“我们共同的品牌——中国乳都呼和浩特”为主题，在呼和浩特的主要街道高密度投放灯箱广告，与此同时的另一个广告版本是“为内蒙古喝彩，千里草原腾起的蒙牛乳业也在省级电视台投放”。

3. 强势出击，遍地开花。“忽如一夜春风来，千树万树梨花开”，以此形容蒙牛广告攻势并不为过。在蒙牛创立初期，为迅速打开市场，蒙牛投入35万元包揽了央视6套两个月的阶段广告，夺取了制空权，同时投资300多万元在呼和浩特进行广告宣传，因为呼和浩特城市并不大，300多万元足以造成铺天盖地的广告效果。于是，电视、报纸、路牌、车体、墙板等等，只要能够利用的广告媒体，蒙牛尽量利用，一时间，蒙牛在呼和浩特几乎是家喻户晓，人尽皆知。

（二）蒙牛促销

现在企业做市场有两种方式，一种是巨量广告狂轰滥炸，终端促销蜻蜓点水；一种是倡行广告和促销结合的深度行销，两种方式在不同市场，得到不同效果。但在乳业，蒙牛选择的是后者，尽管会加大企业产品拓市成本。

蒙牛终端促销周密细致，一如草原牧歌般款款情深。

1. 把握渠道，制定策略。根据各类终端的性质，蒙牛对不同的终端进行了相应的价值定位，度身打造渠道个性促销策略。

①大卖场——扩大影响力，做销量。在卖场蒙牛的促销策略是增加卖场的生动化展示，包括扩大货架陈列面；做整箱堆头陈列；派驻促销兼理货员；举办免费品尝活动；在周日及节日期间举办卖赠促销活动；整箱购买优惠；在适当时间做大卖场的上刊特价商品等。因为大卖场商品品种齐、价格低、吸客力强，顾客云集，不仅去大卖场的次数多，而且每次都是大量采购。所以这种策略有利于产品直接、大量地销售。

②连锁超市——做好产品与消费者的见面工作，支持品牌形象，方便消费者购买。因为连锁超市门店众多，信誉度较高。蒙牛的促销策略是理货为主，陈列要求容易让顾客看得见，买得到，陈列标准是让产品进冷风柜，摆放冷风柜第一至三层，贴近光明产品，全品上架，不断货；选择居民居住集中的门店举办免费品尝活动；举办捆绑促销。

③送奶到户渠道——锁定顾客，增加现金流。通过服务来锁定顾客，培养顾客忠诚度。蒙牛的促销策略是制定上午订下午取，下午订隔天上午送，客户投诉24小时解决等服务措施；建立顾客资料库；推出集点优惠促销；不同数量整箱订购促销；向居民信箱大量投放DM广告；在新社区举办免费品尝活动；在电话账单上刊登产品广告及促销信息广告等。

2. 满足需求，占领市场。2003年3月26日，蒙牛乳业在全国范围内一下子推出了20多个新品冰激凌，与同类竞品相比，蒙牛在产品数量上可谓一枝独秀。在进行异域市场开拓时，蒙牛策略依旧。蒙牛始终相信，最好的促销来自消费者需求的个性化设计。如开拓上海时，蒙牛发现，上海消费者的购物习惯正悄然改变，他们开始追求购物的方便和享受。于是，蒙牛应势选择了舒适和文化层次作为市场细分变量。面对整个纯鲜牛奶市场，它以产品包装形态的特殊性（保质期30～45天的利乐枕）专门满足图方便的消费群体，扮演市场补缺者，而在这个图方便的细分市场中，它又是一个市场领导者。战略目标确定之后，蒙牛特别设计了借助电子商务网和家庭饮用水配送网的销售网络，并根据网络端点的特性进行销售。

3. 合势促销：秉承主题。“来自大草原，香浓好感受”、“深深草原情，浓浓草原心”、天蓝色布衬、乳白色牛奶、大草原风情……蒙牛的每一次露天促销，这些都是不变的元素。

广告更多的是一种承诺，而促销则是要将这种承诺清晰地展现在消费者眼前。在蒙牛的市场运作中，广告和促销是一体的。蒙牛在广告和促销两把利斧的斩获下，从内蒙古大草原走向了全国的市场，从进军上海开始，到重庆，再到全国各地，已形成与伊利齐头并进，并有赶超之势。

在市场高速发展的今天，促销已经成为企业推进产品销售的必备的销售策略。尤其像蒙牛这样的快速消费品行业，促销与产品直接形成了串联的关系。本节就促销所包含的一系列内容进行详细的阐述。

一、促销、促销组合与基本促销策略

促销：是指企业通过各种方式和目标市场之间双向传递信息，以启发、推动和创造对企业产品的需求，并引起购买欲望和购买行为的综合性活动。

促销组合：是指企业根据促销的需要，对各种促销方式进行的适当选择和综合编配。促销方式分为人员推销、公共关系、营业推广及广告等，企业对四种促销方式进行适当选择，综合使用，以求达成最好的促销效果。

1. 推式策略。推式策略是指利用推销人员与中间商促销，将产品推入渠道的策略。这一策略需利用大量的推销人员推销产品，它适用于生产者和中间商对产品前景看法一致的产品。推式策略风险小，推销周期短，资金回收快，但其前提条件是须有中间商的共识和配合。

2. 拉式策略。拉式策略是企业针对最终消费者展开广告攻势，把产品信息介绍给目标市场的消费者，使人产生强烈的购买欲望，形成急切的市场需求，然后“拉引”中间商纷纷要求经销这种产品。

3. 推拉结合策略。在通常情况下，企业也可以把上述两种策略配合起来运用，在向中间商进行大力促销的同时，通过广告刺激市场需求。

二、人员推销策略

人员推销策略是指企业根据外部环境变化和内部资源条件设计和管理销售队伍的经济过程。其策略是灵活多样的，包括以下三种策略：

1. “刺激—反应”策略。又称试探性策略。这是推销人员在不了解顾客需要的情况下，推销事先准备好说的话，看看顾客的反应，再讲，再看顾客的反应，然后根据反应进行说明或宣传。这种策略对于推销日用工业品效果较好。

2.“启发—配方”策略。这也是推销人员在事先不了解顾客需要的情况下常用的一种推销策略，即推销人员从访问顾客开始，通过带有启发式的讲话，引起顾客的兴趣，进而推动成交。

3.“需要—满足”策略。这是一种创造性的推销策略。这种策略的特点是：要引起顾客对某种商品的需要，再说明所推销的商品如何能满足这种需要。

三、广告策略

广告策略主要是“拉引”策略，包括馈赠、文娱、中奖、公益等促销手段的运用。

1.馈赠性广告促销策略。这是指企业通过发布带有馈赠行为的广告以促进产品销售的广告策略。如当前很多超市在报纸上打广告，在广告的一角设有回条，读者剪下回条在超市购物时可得到优惠。

2.文娱性广告促销策略。这是指运用文娱形式发布广告以促进产品销售的广告策略。如近几年央视很火热的一档节目《幸运52》中，以得到商标的方式来宣传企业，就是运用了此策略。

3.中奖性广告策略。这是一种以抽奖中奖形式的广告促销手段，如观看球赛是幸运观众可以得到由厂家赞助的礼品，就是采取这种策略。

4.公益性广告促销策略。它是把广告活动和公益活动结合起来，进行企业宣传的策略。如在“5·12地震”中，很多企业都进行了大规模的捐款，这对企业的形象是一个最好的宣传。

四、公共关系策略

公关策略是策划者在公关促销活动中，为实现企业的公关目标所采取的对策和方法。

1.宣传性公关策略。它是指企业通过发新闻稿，召开记者招待会、举行新产品发布会等形式，利用各种传播媒介，向受众推销企业形象的促销策略。

2. 交际性公关策略。这是通过个人交谈、拜访、祝贺等形式，进行情感上的交流，建立广泛的社会关系网络，以形成有利于企业发展的人际环境和社会环境。

3. 服务性公关策略。以售后服务、消费引导、便民服务等实际行动获得社会公众的好评，树立企业良好的形象。

4. 社会性公关策略。以开业典礼、周年纪念、主办传统节目等形式来扩大企业的社会影响，提高其社会声誉，赢得公众的信任和支持。

5. 征询性公关策略。以征询调查、征文活动、民意测验等活动建立企业和公众的联系，增强彼此的了解从而完善企业形象。

6. 选择性公关策略。它是指企业根据环境的状况及组织自身的变化，所采取的公共关系行为方式。

市场营销不仅要求企业发展适销对路的产品，制定吸引人的价格，使目标顾客易于取得他们所需要现代的产品，而且还要求企业控制其在市场上的形象，设计并传播有关的外观、特色、购买条件以及产品给目标顾客带来的利益等方面的信息，由此可以看出促销策略的重要作用。

训练题

1. 一制造商正试图在媒体 A 和媒体 B 之间进行选择。媒体 A 有 1000 万读者，整页广告要价 2 万元，媒体 B 有 1500 万读者，整页要价 2.5 万元，在决定哪家媒体更好前，该制造商还需要其他什么信息？试从广告策略分析媒体又采用了怎样的策略？

2. 销售人员有时被描述为无用之人，或者被描述为自以为是的乐观者，从人员推销策略看，这样的营销人员你敢指望他们吗？

3. 加入一个销售方案要求营销人员们必须扮演一个它们力所难及的角色，运用人员推销策略，你将如何使他们“就范”？

4. 一地区销售经理在销售会议上抱怨：“我们公司平均每个销售员在报酬和费用方面约为 4000 元。我们为什么不减少在杂志上做 40000 元的整页广告而雇佣更多的人？很明显一个全年工作的销售员比杂志的一页广告能售出更多产品。”从促销策略角度评价这一论点。

5. 广告客户必须设计引人注目的创造性概念(或者叫大创意),用与众不同的方式实施它们的创意策略。索尼刚刚推出了机器人宠物狗,售价2500美元,这个机器狗能叫、坐立、躺下、抓脸、摇尾巴、改变眼睛颜色表示情绪并能慢慢学习。索尼断定机器宠物会像电子游戏一样火爆起来,给索尼的新机器宠物起个名字,并帮助索尼公司为圣诞节的广告宣传活动设计一个创意。

第六章　市场心计思维方法

学习要点　越来越多的企业认识到创新的重要性，创新成了企业发展的生命线，而创新需要的不仅仅是设备上的，更是思维上的。而运用各种思维工具，以及一些展现思维特色的策略方法，成为当今企业在市场过程中的必不可少的选择。通过学习和了解各种思维工具可以解决问题，进而在竞争中寻找发展，在发展中寻求突破，在突破中拓展空间。

第一节　头脑风暴法

让头脑进入风暴，让风暴改变头脑。——东方卫视《头脑风暴》栏目

一、头脑风暴法

头脑风暴法(Brain Storming)，也称为BS法、智力激励法，头脑风暴一词最早是精神病理学上的用语，是指精神病患者思维紊乱现象。1938年，美国著名创造学家亚历克斯·奥斯本将头脑风暴一词引入创造学中，并于1953年作为一种创造性思维的方法正式发表。亚历克斯·奥斯本因此被称为“头脑风暴之父”。

头脑风暴法是遵循一定的激发思维的原则而进行的集体会议，是一种集体开发创造性思维的方法。在头脑风暴会议过程中，每位与会者都要突破思维定势、展开想象与联想、畅所欲言、相互启发、相互激励，在轻松、自由的氛围中激发出更多的创意及灵感，从而寻找出解决问题的方法。

二、头脑风暴法的要求与原则

(一)头脑风暴法的要求

1. 参加会议的人数应在6～12人之间，人员过少思维受限达不到“风暴”

的效果，人员过多则会使会议不易控制。

2. 参加会议人员为与会议议题相关的人员，不仅要有专门人员，也可以将如营销人员、消费者、生产工作人员等纳入会议。

3. 会议时间控制在1小时左右，不宜过长。

4. 需设会议主持人一名，记录员1～2人。主持人要具有较好的组织能力，熟悉议题及相关背景材料，在会议进行中对设想不作评论，做好对会议进程的控制。记录员要将与会者每一条设想不论好坏地认真记录。

5. 创造良好的会议环境，如会前的一杯咖啡、户外会议等，为激发思维做最充分的准备。

（二）头脑风暴法的原则

1. 自由畅想。要求与会者展开自由的想象，不受常理的限制与束缚，什么样新奇的想法都可以提出来，激发更多的设想。

2. 严禁批判。对他人提出的设想不得进行任何形式的批判，包括语言、眼神、动作、手势、文字等。对他人设想的任何批判都会对创造性思维产生负面影响，从而影响头脑风暴会议的效果。

3. 追求数量。在规定的时间中发言量越大，产生越多的设想越好，因为这样对会议议题的讨论会更深刻，得到解决问题的好方法的概率也就越大。

4. 利用和改善他人的设想。头脑风暴会议不是每个与会者都要提出完全不同于其他人的设想，而是能够在此过程中根据他人的想法来激发自己的思维，通过利用和改善他人的设想，而得到更多、更好地解决问题的方法。

5. 聚焦主题。在会议过程中，与会者的思考要围绕着会议的议题进行，不能离题太远。这样才能确保头脑风暴会议的效果。

三、头脑风暴法的程序

头脑风暴法要达到预想的效果就必须在会前进行认真的准备，在会议过程中严格头脑风暴法的原则执行，并在会后对所得到的设想进行认真的总结，寻找解决问题的最佳设想。

（一）会议准备程序

1. 明确议题。头脑风暴法不适合处理复杂的，涉及面广的问题，更适合解决单一问题，因此在要会前明确会议议题，确定会议目标。

2. 确定参会人员。根据议题选择参会人员身份及人数。

3. 会议相关材料的收集与发放。要在会前将会议相关材料送到每名参会人员手中，让与会者有一定的准备。

4. 确定会议主持人和记录员。

5. 确定会议场所。

6. 会议通知。

（二）会议的执行程序

1. 轻松热身阶段。在此阶段制造轻松的会议氛围，让与会者的大脑逐步进入最佳状态。主持人可在宣布开会说明会议的议题后，讲一段小笑话，或进行一些小的智力游戏等来使与会者的思维进入状态。

2. 明确议题。主持人要简明扼要的对会议的议题及会议目的进行阐述。

3. 明确会议原则。主持人要强调会议原则，以确保会议的效果。

4. 自由畅谈。这是头脑风暴法最重要的环节，所有的准备都是为了能够在此过程中得到更多、更有效的设想，注意在此过程中主持人要做好引导，让每名与会者都能自由畅想、勇于发言。

5. 重新表述。经过一段时间的自由畅谈，与会者都已经对会议议题有了更深的理解。为了寻找解决问题的新角度、新思维，主持人对发言记录进行归纳，并提供给与会者，为更深一步的畅谈打好基础。

（三）会后的整理

通过组织头脑风暴畅谈会，往往能获得大量与议题有关的设想，至此任务只完成了一半。更重要的是对已获得的设想进行整理，分析，以便选出有价值的创造性设想来加以开发实施。这个工作就是设想处理。

头脑风暴法的设想处理通常安排在头脑风暴畅谈会的次日进行。在此以前，主持人或记录员（秘书）应设法收集与会者在会后产生的新设想，以便一并进行评价处理。设想处理的方式有两种。一种是专家评审，可聘请有关专家及畅谈会与会者代表若干人（5 人左右为宜）承担这项工作。另一种是二次会议评审，即由头脑风暴畅谈会的参加者共同举行第二次会议，集体进行设想的评价处理工作。

四、头脑风暴法的其他类型

（一）默写式BS法（635法）

头脑风暴法在传入德国后，德国人鲁尔巴赫根据德意志民族习惯于沉思的性格以及由于数人争着发言易使点子遗漏的缺点，对奥斯本智力激励法进行改造而创立的。

每次会议有6人参加，坐成一圈，要求每人5分钟内在各自的卡片上写出3个设想（故名“635”法），然后由左向右传递给相邻的人。每个人接到卡片后，在第二个5分钟再写3个设想，然后再传递出去。如此传递6次，半小时即可进行完毕，可产生108个设想。

默写式BS法（635法）的具体程序：

（1）与会的6个人围绕环形会议桌坐好，每人面前放有一张画有6个大格18个小格（每一大格内有3个小格）的纸。

（2）主持人公布会议主题后，要求与会者对主题进行重新表述。

（3）重新表述结束后，开始计时，要求在第一个5分钟内，每人在自己面前的纸上的第一个大格内写出3个设想，设想的表述尽量简明，每一个设想写在一个小格内。

（4）第一个5分钟结束后，每人把自己面前的纸顺时针（或逆时针）传递给左侧（或右侧）的与会者，在紧接的第2个5分钟内，每人再在下一个大方格内写出自己的3个设想；新提出的3个设想，最好是受纸上已有的设想所激发的，且又不同于纸上的或自己已提出的设想。

（5）按上述方法进行第三至第六个5分钟，共享时30分钟，每张纸上写满了18个设想，6张纸共108个设想。

（6）整理分类归纳这108个设想，找出可行的先进的解题方案。

635法的优点是能弥补与会者因地位、性格的差别而造成的压抑；缺点是因只是自己看和自己想，激励不够充分。

（二）质疑头脑风暴法

质疑头脑风暴法是指对头脑风暴法所提出的设想、方案逐一进行质疑，分析其现实可行性的方法。质疑头脑风暴法的原则是对设想进行批判、挑剔，设想者则对自己的设想进行极力的维护，从而使设想更加的完善。

五、头脑风暴法的市场应用

头脑风暴法是一种创造性思维方法，也是一种解决问题的方法。在市场中，企业会遇到各种问题，在产品的设计、定位、生产、销售等各个环节都会遇到这样那样的问题。利用头脑风暴法来解决其中的一些问题，会得到许多意想不到的效果。

【思维提示】

参与头脑风暴会议就是要将自己的大脑放在一个更为开拓的空间中，将各种信息迅速处理并激发出新的想法的过程。在此过程中要突破思维定势，让自己的头脑处于一种活跃状态。在头脑风暴会议中要运用各种思维方式来开动自己的大脑，发散思维、逆向思维、联想思维等，要注意灵活运用。

头脑风暴之前的问卷调查

所要设立的头脑风暴会议议题是什么？（找解决某个问题的方法）
最重要的目的或目标是什么？
想要的结果是什么？
为了达到这个目的你所采用的头脑风暴过程是什么？
小组当中的每个人具有哪些独特的技巧、性格特点、经验和知识？
一旦你确定了你需要通过头脑风暴的议题之后，为你所在的小组创造一个完美的头脑风暴环境。

训练题

按以下给的的问题进行头脑风暴会议，并形成解决方案。

1. 如何让一个商品投入少而影响大？
2. 如何提高一个产品的市场占有率？
3. 如何防止假冒产品？
4. 如何对自己的产品进行有特色的宣传？
5. 如何将自己的产品与流行事物结合起来？

第二节　思维导图

“一幅图画过1000个文字，且扫一眼就能记住。”“你将很快被自己的成就、你的创造力所鼓舞，思维导图的会对的日常生活产生实际的帮助。”

——思维导图的发明人东尼·博赞

一、思维导图

思维导图又称学习导图、脑图、心智导图、心智绘图、心智图。

东尼·博赞在研究大脑的力量和潜能过程中，发现伟大的艺术家达·芬奇在他的笔记中使用了许多图画、代号和连线。他意识到这也许正是达·芬奇拥有超级头脑的秘密所在。在此基础上，东尼·博赞在20世纪60年代发明了“思维导图”这一风靡世界的思维工具，被誉为21世纪全球性思维工具。

思维导图是一种将发散性思考具体化的方法，运用图文并重的技巧，把各级主题的关系用相互隶属与相关的层级图表现出来，把主题关键词与图像、颜色等建立记忆链接，思维导图充分运用左右脑的机能，利用记忆、阅读、思维的规律，协助人们在科学与艺术、逻辑与想象之间平衡发展，从而开启人类大脑的无限潜能。

运用思维导图可以成倍提高学习速度，激发联想与创意，形成系统的学习和思维习惯。

世界上许多公司和组织利用思维导图来进行企业管理、产品设计、员工培训等方面的工作，如IBM、微软、甲骨文、惠普、波音公司、通用汽车、英国石油、英国电信、强生、科威特石油公司、汇丰银行、巴科莱投资银行以及大英百科全书等。

二、思维导图的绘制工具

1. A4白纸一张（最好横过来）。空白的纸是需要你来运用思维进地填写的，横过来的纸会提供更大的扩展空间，思维中是没有纸的大小的，纸是思维表现的载体，也可以利用其他的载体来进行，如白板、电脑等。

2. 签字笔和彩色笔。不同的笔代表了不同的思维进程，彩色的笔给思维更多的表述上的选择，也可以让大脑在多种颜色的刺激下思维表现更活跃。

3. 你的大脑。这是关键中的关键，所有的思维过程都要靠它来完成，你要让你的大脑动起来，让思维活跃起来。

4. 你的想象。不要被各种各样的因素所困扰，发挥出自己思维的延展性，让你的想象更加的丰富。

三、思维导图的绘制

思维导图一般是图文并茂的，但由于绘画对于大部分人来说并不是很容易做到，在发散过程中会对思维造成影响，可先进行思维速射图的绘制，即为纯文字的思维导图，从而获得更多的思维成果。再将这些思维成果进行分析，选择出最具有实用价值或创意意义的支线进行绘制。

当熟练掌握了思维导图的绘制过程及方法时，就可进入图文并茂的更高阶的思维导图的绘制。

绘制思维导图的七步画法：

第一步：确定中心词。想要记忆、思考的词。

第二步：从中心画起。给思维更大的发展空间。

第三步：精选关键词。

第四步：多用图画。一个图形可以表达更多的内容，也可以让你的大脑更活跃。

第五步：擅用色彩。丰富的颜色会激发大脑动力。

第六步：连接。连接中心图像和主要分支，然后和主要分支再连接二级分支，以此类推。大脑通过联想来工作，会很容易地理解和记住更多东西。

第七步：巧用曲线。直线会使大脑疲劳，使用不同的曲线会使思维导图更具吸引力。

四、思维导图的应用

思维导图的应用十分广泛，根据其功能其可应用于形象化人们的信息交换活动，如工作组、项目会议、头脑风暴会以及战略研讨会；组织、重组及过滤信息；对信息进行分析，实现信息的结构化，辨识信息关键点间的联系；提高信息处理能力，在复杂的信息间建立联系；以最佳方式生成和展示信息；更好地对工作及生活进行管理；建立知识结构联系，提高教育水平；可以使管理结构更加清楚明确，从而提高管理效率等。思维导图还可广泛用于一系列的活动，如记录、报告、回忆、头脑风暴、提高创造力、捕捉创意、讲演、分析、解决复杂问题等。而通过思维导图软件则可以实现更为复杂的应用，如对问题进行解构，观察其细部，对团队沟通流程提供支持等。

【思维提示】

思维导图就像我们的大脑，将抽象的看似不相连的事物联系到一起，从而形成一幅整体的图画。在绘制思维导图的过程中每一个分支的延展都需要运用联想与想象思维，而每增加一个分支就需要良好的发散思维能力，而在将头脑中的信息转化成图形表达的时候更需要大脑思维的综合处理能力，思维导图在绘制的过程中会不断的刺激大脑想到更多，促进思维，促进记忆，从而能够获得更多的创意想法。

训练题

1. 运用思维导图进行消费者消费行为分析，组成小组进行。

2. 以消费者的身份，以“周末消费计划”为中心绘制思维导图。

将小组成员所绘制的思维导图进行汇总，比较一下，看看有什么共同点和差异，哪些是未曾发现的进行必要的分析。

第三节 六顶思考帽

如果创造力提高5%或10%，我们通常都会兴奋不已，而通过六顶思考帽，我们的创新能力将提高500%甚至更多。

——爱德华·德·博诺《六顶思考帽》

一、六顶思考帽

六顶思考帽是英国学者爱德华·德·博诺(Edward de Bono)博士开发的一种思维训练模式，或者说是一个全面思考问题的模型。它提供了“平行思维”的工具，避免将时间浪费在互相争执上。强调的是“能够成为什么”，而非“本身是什么”，是寻求一条向前发展的路，而不是争论谁对谁错。运用博诺的六顶思考帽，将会使混乱的思考变得更清晰，使团体中无意义的争论变成集思广益的创造，使每个人变得富有创造性。

六顶思考帽是一个操作极其简单经过反复验证的思维工具，它给人以热情，勇气和创造力，让你的每一次会议，每一次讨论，每一个决策都充满新意和生命力。这个工具能帮助我们，增加建设性产出，充分研究每一种情况和问题，创造超常规的解决方案，使用"平行"思考技能，取代对抗型和垂直型思考方法，提高企业员工的协作能力，让团队的潜能发挥到极限。

二、六顶思考帽代表什么

六顶思维帽有着六种不同的颜色，这些颜色代表着人的六种基本思维功能。全球最大的保险公司保德信(Prudential)长期运用六顶思考帽，其总部地毯就是用彩色的六顶思考帽图案纺织而成。这六种颜色是白色、黄色、黑色、红色、绿色、蓝色。之所以用帽子来表示，在于帽子的价值指示了一种规则，帽子的一大优点是可以轻易的戴上或者摘下，同时帽子也可以让周围的人看得见，因此选择帽子作为思考方向的象征性标记。

白色思考帽：白色代表中性和客观。白色思考帽思考的是客观的事实和数据。

白色思考帽通常用在思考过程一开始的时候，以便提供一个思考的背景。在思考过程快结束的时候也可以用它来做一下评估。其直接目的在于搜寻展示信息。

红色思考帽：红色代表情绪、直觉和感情。红色思考帽提供的是感性的看法。

红色思考帽总是运用在特定的意见或情况之下，其目的就是让人们如实地表达出他们的感觉，而不是下一个结论。

黑色思考帽：黑色代表冷静和严肃。黑色思考帽意味着小心和谨慎。它指出了任一观点的风险所在。

黑色思考帽是所有思考帽中使用最多的，也是最重要的思考帽。运用黑色思考帽要注意强调谨慎。需要考虑风险、危险、障碍、潜在问题，以及任何一项建议的负面因素。黑色思考帽就是为了避免危险和困难，它指出需要注意的事项。其目的就是将谨慎的观点安放到地图上。注意不要滥用黑色思考帽。

黄色思考帽：黄色代表阳光和价值。黄色思考帽是乐观、充满希望的积极思考。

黄色思考帽就是要让人努力去寻找任何一个建议可能带来的利益，是积极的思考。黄色思考帽不仅仅要求寻求安全、稳定的乐观期望，其他形态的乐观期望也属于黄色思考帽的范围。

绿色思考帽：绿色是草地和蔬菜的颜色，代表丰富、肥沃和生机。绿色思考帽提出的是创造性和新观点。

绿色思考帽使人们提出新的想法，其价值就在于让每个人都留出专门的时间进行创造性思考。绿色思考帽指的是新的想法和看待事物的新方式，它要求人们从旧观念中跳出来，发现更好的想法。

蓝色思考帽：蓝色是冷色，也是高高在上的天空的颜色。蓝色思考帽是对思考过程和其他思考帽的控制和组织。

蓝色思考帽能够有效地管理和组织思考，控制思考过程。它是"战略安排"，在讨论过程中，蓝色思考帽维持纪律，并保证每个人都在按照指定的思考帽模式进行思考。它还可以宣布更换思考帽。蓝色思考帽是关于解决问题的思考方法。

这六顶思考帽，可以组织相对的三对帽子，分别是：

白色思考帽与红色思考帽，即中性客观与情绪和感觉。

黑色思考帽与黄色思考帽，即冷静和严肃与乐观阳光。

绿色思考帽与蓝色思考帽，即生机和创新与控制。

在运用中，要以颜色而不是帽子的功能来指代帽子，一般提到帽子时的运用如"让我们都戴上红色思考帽思考几分钟"而不是"让我们用感性的看法来思考几分钟"。但我们往往不知道什么时候该戴哪顶帽子。一个团队的成员常常在同一时刻戴着不同颜色的帽子，因此导致团队成员的大量思想混乱，相互争吵和错误的决策。"六顶思考帽"思维方法使整个团队将思考从不同方面分开，这样就可以依次对问题的不同侧面给予足够的重视和充分的考虑。这就像彩色打印机，先将各种颜色先分解成基本色，然后将每种基本色彩打印在相同的纸上，各种颜色的不同混合，就会得到彩色的打印结果。同理，六顶思考帽对思维模式进行分解，形成最基本的思维方向，然后按照每一种思维模式对同一事物进行思考，最终得到全方位的"彩色"思考。

三、六顶思考帽的应用

六顶思考帽的应用关键在于使用者用何种方式去排列帽子的顺序，也就是组织思考的流程。只有掌握了如何编织思考的流程，才能说是真正掌握了六顶思考帽的应用方法，不然往往会让人们感觉这个工具并不实用。

在团队应用当中，最大的应用情境是会议，这里特别是指讨论性质的会议，因为这类会议是真正的思维和观点的碰撞、对接的平台。在这种情况下，六顶思考帽就成为特别有效的沟通框架。六顶思考帽也可以作为书面沟通的框架，例如用六顶思考帽的结构来管理电子邮件、组织报告书、文件审核等。

六顶思考帽作为思维工具被越来越广泛的使用着，其创造性爱德华·德·博诺博士被誉为20世纪人类思考方式革命性变革的缔造者，被尊为“创新思维之父”。爱德华·德·博诺博士人代表作《水平思考法》和《六顶思考帽》被译成37种语言，行销54个国家，在这些国家的企业界、教育界和政界得到了广泛的推广和肯定。同时也被世界许多著名商业组织所采用作为创造组织合力和创造力的通用工具。这些组织包括：微软、IBM、西门子、诺基亚、摩托罗拉、爱立信、波音公司、松下、杜邦、及麦当劳、雀巢、爱普生、英国航空、可口可乐、日本NTT、美国电报电话、德国BOSH等等。

通过使用六顶思考帽，使许多公司企业在工作效率、产品研发、创新等方面得到了提高，如德国西门子公司有37万人学习德·博诺的思维课程，随之产品开发时间减少了30%。英国Channel 4电视台说，通过接受培训，他们在两天内创造出新点子比过去六个月里想出的还要多。英国的施乐公司反映，通过使用所学的技巧和工具使他们仅用不到一天的时间就完成了过去需一周才能完成的工作。芬兰的ABB公司曾就国际项目的讨论花了30天的时间，而今天，通过使用平行思维，仅用了两天。麦当劳日本公司让员工参加“六顶思考帽”思维训练，取得了显著成效——员工更有激情，坦白交流减少了“黑色思考帽”的消极作用。在杜邦公司的创新中心，设立了专门的课题探讨用德·博诺的思维工具改变公司文化，并在公司内广泛运用“六顶思考帽”。六顶思考帽也对很多个人产生的重要的影响，如1984年首次个人承办奥运会成功并获得2.5亿美元巨额利润的美国商人彼德·尤勃洛斯，将自己的超凡成就归功于水平思考法引发的新观念和新想法，他曾参加过德·博诺博士举办的青年总裁组织培训班。

四、六顶思考帽的作用和价值

六顶思考帽最大的价值在于它非常便于思考。

通过六顶思考帽的训练可以使人们掌握：如何指导更加集中、高效的会议；如何在大多数人只能发现问题的地方发现机会；如何从全新和不寻常的角度看待问题；如何从多个角度看问题；如何培养协作思考；如何减少交互作用中的对抗性和判断性思考；如何采用一种深思熟虑的步骤来解决问题和发现机会；如何创造一种动态的、积极的环境来争取人们的参与；如何在解决问题时发现不为人注意的、有效的和创新的解决方法；如何为公司贯彻解决方案的简单易行的方法；高度集中与高效会议的方法；如何在多数人只能发现问题的地方找到机会；如何发现一个问题的新的角度，从而找到商业机会；将问题分解成不同层次的技能；培养团队的协同思维能力；减少沟通中对抗的方法；如何创建动态的、积极的环境争取人们参与；如何有效地提高创造能力等。

训练题

1. 组织召开一次运用六顶思考帽法的会议，注意安排好各种思考帽的使用顺序。

2. 如何使用黑色思考帽？应注意哪些问题？

第四节　博弈

具有竞争或对抗性质的行为称为博弈行为。在这类行为中，参加斗争或竞争的各方各自具有不同的目标或利益。为了达到各自的目标和利益，各方必须考虑对手的各种可能的行动方案，并力图选取对自己最为有利或最为合理的方案。比如日常生活中的下棋，打牌等。博弈论就是研究博弈行为中斗争各方是否存在着最合理的行为方案，以及如何找到这个合理的行为方案的数学理论和方法。

博弈在市场中可以说是一个比喻，比喻在竞争环境下决策人的判断与选择，在市场竞争中有些选择是要进行综合评定的，最好的选择有时候也许不一定是利益获得最大的，而是损失最小的。

一、博弈

博弈是指在一定的游戏规则约束下，基于直接相互作用的环境条件，各参与人依靠所掌握的信息，选择各自策略(行动)，以实现利益最大化和风险成本最小化的过程，简单说就是人与人之间为了谋取利益而竞争。博弈研究的是决策主体的行为在直接相互作用时，人们如何进行决策，以及这种决策如何达到均衡的问题。

市场就是这样一个有着一定的游戏规则约束的环境，每一个进入市场的个体在竞争中都要进行决策，选择发展的道路，可以说市场是博弈的市场。

二、博弈论的主要范式

(一)囚徒困境博弈

“囚徒困境”用一种特别的方式为我们讲述了一个警察与小偷的故事。假设有两个小偷 A 和 B 联合犯事、私入民宅被警察抓住。警方将两人分别置于不同的两个房间内进行审讯，对每一个犯罪嫌疑人，警方给出的政策是：如果一个犯罪嫌疑人坦白了罪行，交出了赃物，于是证据确凿，两人都被判有罪。如果另一个犯罪嫌疑人也作了坦白，则两人各被判刑 8 年；如果另一个犯罪嫌疑人没有坦白而是抵赖，则以妨碍公务罪(因已有证据表明其有罪)再加刑两年，而坦白者有功被减刑 8 年，立即释放。如果两人都抵赖，则警方因证据不足不能判两人的偷窃罪，但可以私入民宅的罪名将两人各判入狱 1 年。我们来看看这个博弈可预测的均衡是什么。对 A 来说，尽管他不知道 B 作何选择，但他知道无论 B 选择什么，他选择“坦白”总是最优的。显然，根据对称性，B 也会选择“坦白”，结果是两人都被判刑 8 年。但是，倘若他们都选择“抵赖”，每人只被判刑 1 年。不难看出，“坦白”是任一犯罪嫌疑人的占优战略，而(坦白)是一个占优战略均衡。

(二)智猪博弈

这个例子讲的是：猪圈里有两头猪，一头大猪，一头小猪。猪圈的一边有个踏板，每踩一下踏板，在远离踏板的猪圈的另一边的投食口就会落下少量的食物。如果有一只猪去踩踏板，另一只猪就有机会抢先吃到另一边落下的食物。当小猪踩动踏板时，大猪会在小猪跑到食槽之前刚好吃光所有的食物；若是大猪踩动了踏板，则还有机会在小猪吃完落下的食物之前跑到食槽，争吃到另一半残羹。

那么，两只猪各会采取什么策略？答案是：小猪将选择“搭便车”策略，也就是舒舒服服地等在食槽边；而大猪则为一点残羹不知疲倦地奔忙于踏板和食槽之间。

原因何在？因为，小猪踩踏板将一无所获，不踩踏板反而能吃上食物。对小猪而言，无论大猪是否踩动踏板，不踩踏板总是好的选择。反观大猪，已明知小猪是不会去踩动踏板的，自己亲自去踩踏板总比不踩强吧，所以只好亲力亲为了。

“小猪躺着大猪跑”的现象是由于故事中的游戏规则所导致的。规则的核心指标是：每次落下的食物数量和踏板与投食口之间的距离。

（三）胆小鬼博弈

两个争强好胜的不良少年，为了制服对方，玩了一种危险的游戏，他们各驾驶一辆车，开足马力向对方撞去……

在死亡越来越近的情况下，如果其中一个坚持不住，转弯躲避，就是成了“胆小鬼”，在对方面前输了面子；谁毫不避让，就被视为英雄，如果双方都不肯让路，结果将是灾难性的，但是，如果双方都退避让路，他们虽然都安然无恙，但却都成了“胆小鬼”。

在市场中经常会出现类似于胆小鬼博弈的情况，比如买卖双方的讨价还价，价格战等。在胆小鬼博弈中两方有着强烈的冲突，但不是不可调和的，要注意寻找合作点，达到双赢的目的。

【思维提示】

在博弈论中，体现的是人如何进行决策，这个过程需要进行周密的思考，怎样的方案在才是最为有利的，是否能够通过改变环境或对策，而获得更佳的决策方案。充分运用思维的灵活性、思维的发散性等思维特性，在博弈的过程中寻找最佳方案。

训练题：博弈游戏

这个游戏用简单的形式再现了商业领域的竞争关系和定价策略，从而为学生提供了实战演习的机会。这个游戏是典型的博弈论思想的体现，反映出在“背靠背”的情况下怎样应对和猜测对手的想法。

【游戏规则和程序】

1. 将学员分成5～6个组，每个组将分别代表一家航空公司在市场经营。

2. 市场经营的规则就是：所有航空公司的利润率都维持在9%；如果有三家以下的公司采取降价策略，降价的公司由于薄利多销，利润率可达12%，而没有采取降价策略的公司利润率则为6%；如果有三家和三家以上的公司同时降价，则所有的公司的利润都只有6%。

3. 每个小组派代表到小房间里，教师给他们交代上述游戏规则。并告诉小组代表，他们之间需要通过协商初步达成一种协议。初步协商之后小组代表回到小组，并将情况向小组汇报。

4. 小组经过讨论5分钟之后，需要作出最后的决策：降还是不降？并将决定写在纸条上，同时交给教师。

5. 教师公布结果。

【相关讨论】

1. 作为小组代表，在和别组代表讨论时，你的出发点是什么？

2. 回到自己的小组中，你们的决策是什么基础上产生的？你们是否遵守了几个小组达成的共识？

3. 你们是否运用了博弈？

【总结】

1. 本游戏看似简单，结果往往的出人意料但又在意料之中，因为大部分公司都会选择降价，结果降价会导致两败俱伤。这个游戏可以用博弈论中的典型案例——囚徒两难来分析：尽管每家航空公司都不降价可保持9%的利润率，但是受到降价后12%利润率的吸引，它们还是会选择降价。在这种选择下，每家公司都降价导致的是行业利润率的集体下降，变成6%，但这种结果是无法避免的，因为每家公司都在追逐高利润。

2. 这个游戏告诉我们两个道理：

①不要假定竞争对手比你傻；

②不要打价格战，因为价格战没有赢家。经营行为还是应该按照行业规则和市场需求操作。

【小贴士】

形 式：4人一组

时 间：30分钟

道 具：幻灯片

场 地：教室

应 用：(1)创新能力

(2)工作和经营方法

第五节　其他市场心计思维方法

思维是比较抽象的，它在市场中更多地表现为分析问题的方式，以及指导行动的决策内容，从此方面看，许多处事及分析问题的方法都可以成为市场思维方法，在这里简单介绍几种。

一、中国兵法

思维若作为一种工具，在不同的历史和环境下会有着不同的体现，中国在几千年的文化发展过程中形成了中国特有的思维模式，也使中国在竞争环境下产生了许多的思维之花。这其中最重要的体现就是中国兵法。

中国古代兵书浩如烟海，丰富多彩的奇谋韬略到处都是。中国古代的兵法思想具有丰富的哲理性，有助于开阔人们的思路，启迪人们的智慧。在中国有影响的兵法著述有很多，其中最为当今市场所津津乐道，首推《孙子兵法》和《三十六计》。日本"经营之神"松下幸之助这样谈他对《孙子兵法》的感受："《孙子兵法》是天下第一神灵，我们必须顶礼膜拜，认真背诵，灵活运用，公司才能发达。"

学习并灵活运用中国古代兵法于市场营运中，将现代的思维方法与古老的中国兵法相结合，将会在市场竞争中取得先机。

二、蝴蝶效应

蝴蝶效应是指在一个动力系统中，初始条件下微小的变化能带动整个系统的长期的巨大的连锁反应。蝴蝶效应，来源于气象学家对电脑模拟气候变化的研究，指的是太平洋这边的一只蝴蝶扇动了一下翅膀，在对岸就刮起了一场飓风。蝴蝶效应通常用于天气，股票市场等在一定时段难于预测的比较复杂的系统中。此效应说明，事物发展的结果，对初始条件具有极为敏感的依赖性，初始条件的极小偏差，将会引起结果的极大差异。在市场中蝴蝶效应表现为一个市场上的小的变化，可能形成市场的巨大变动。

三、木桶理论

所谓“木桶理论”也即“木桶定律”，其核心内容为：一只木桶盛水的多少，并不取决于桶壁上最高的那块木块，而恰恰取决于桶壁上最短的那块。根据这一核心内容，“木桶理论”还有两个推论：其一，只有桶壁上的所有木板都足够高，那木桶才能盛满水。其二，只要这个木桶里有一块不够高度，木桶里的水就不可能是满的。

如果将木桶和每一个木块比喻成企业发展的一个条件的话，企业要在市场中前进就需要均衡发展。在思维过程中，木桶理论也揭示出思维的全面性与系统性。

四、十二聪明法

十二聪明法，也叫思路提示法，共12句话36个字。

加一加：考虑可在这件东西上添加些什么吗？需要加上更多时间或次数吗？把它加高一些、加厚一些行不行？把这样的东西跟其他东西组合在一起会有什么结果？汇集建议，开讨论会，组合一下如何？

减一减：考虑可在这件东西上减去些什么吗？可以减少些时间或次数吗？把它降低一点、减轻一点行不行？可省略、取消什么东西呢？

扩一扩：考虑把这件东西放大、扩展会怎样？加长一些增强一些能不能提高速度？

缩一缩：使这件东西压缩、缩小会怎样？拆下一些、做薄一些、降低一些、缩短一些、减轻一些、再分割得小一些行不行？

变一变：改变一下形状、颜色、音响、味道、运动、气味、型号、姿态会怎样？改变一下次序会怎样？

改一改：这件东西还存在什么缺点？还有什么不足之处需要加以改进？它在使用时是否给人带来不便的麻烦？有解决这些问题的办法吗？可否挪作他用？或保持现状，做稍许改变？

联一联：某个事物的结果，跟它的起因有什么联系？能从中找到解决问题的办法吗？把某些东西或事情联系起来，能帮助我们达到目的吗？

学一学：有什么事物和情形可以让自己模仿、学习一下吗？模仿它的形状、结构、功能会有什么结果？学习它的原理、技术又会有什么结果？最典型的就是仿生学。

代一代：什么东西能代替另一样东西吗？如果用别的材料、零件、方法行不行？换个人做、使用其他动力，换个机构、换个音色行不行？换个要素、换个模型、换个布局、顺序、日程行不行？

搬一搬：把这件东西搬到别的地方，还能有别的用处吗？这个想法、道理、技术搬到别的地方，也能用得上吗？可否从别处听取到意见、建议？可否借用他人的智慧？

反一反：如果把一件东西、一个事物的正反、上下、左右、前后、横竖、里外颠倒一下，会有什么结果？世界上很多的发明都是通过反向思维而获得的灵感。

定一定：为了解决某个问题或改进某件东西，为了提高学习、工作效率和防止可能发生的事故或疏漏，需要规定些什么吗？

十二聪明法是发散思维的灵活运用，在市场新产品的开发上有着强大的指导作用。

在市场中还有许多思维智慧产生的运作方法，这些市场运作方法，适应不同行业企业的不同状况，如80/20法则更适合于传统行业，与之相对的长尾战略则更适合与网络销售等新兴行业，还有一些适应的是企业产品从开发到推向市场各个阶段。在运用的过程中要注意不能生搬硬套要注意环境与自身条件，发挥思维的灵活性与创造性，进行综合分析，形成市场营运的切实可行的方案，从而保证在市场竞争中的有利位置。

训练题

1. 运用思维导图的形式把已知的可运用到市场的思维方式或行为方式记录下来。

2. 思考在市场中运用思维工具的好处？运用思维工具需要具备哪些条件？

第三篇　思维心计的市场运用

第七章　市场中的发散技巧

学习要点　在激烈的市场竞争中，谁先获得解决问题的方法，谁将占得先机，本章将通过对发散思维这一方法在市场中的应用及产生的条件进行介绍。

【经典案例】

蜜蜂的视觉

有一次，爱因斯坦的儿子突然问他："爸爸，你是不是很聪明？"

爱因斯坦没有直接回答而是反问儿子："你怎么想到问这个问题？"

儿子说："我们的老师说你是世界上最伟大的科学家，世界上只有你发现了相对论。"

爱因斯坦笑着说："不是我比别人聪明，只是因为我善于使用立体思维来观察问题。这就像一只甲虫在一个篮球场上爬行，由于它看到的世界都是扁平的，所以它永远也不会知道自己是在一个有限的球体上爬行。而如果飞来一只蜜蜂，它一眼就会看出甲虫是在一个有限的球体上爬行，因为蜜蜂的视觉是立体的，这对它来说是轻而易举的事情。而你爸爸就像是这只蜜蜂，所以我发现了相对论。"

这个案例所谓的立体视觉的引申意义，即是立体思维、扩散思维、发散思维，是指认识问题应从多角度、多方位、多层次地考察研究，力图真实地反应认识对象的整体以及这个整体和其他周围事物构成的关系的思维方式。扩散思维反映的不是个别现象与方法，而是一种全面的创新思维方法。

在日常生活中，我们常常会发现每个人在思维过程中的跨度大小都不一样，有些人的思维跨度很大，能够海阔天空地去想象，有些人却缺少思维的广度，只能在一个问题的圈子里绕来绕去，思路总是打不开。英国著名的数学家怀特海曾经说过"也许第一千个观念恰恰就是一个将改变世界的观念"。在很多情况下，人们都需要将思维扩展一下，这时需要的就是发散思维能力，发散思维是点燃灵感的星星之火。

第一节 发散思维

一、发散思维的含义

发散思维是大脑在思维时呈现的一种扩散状态的思维模式，比较常见，它表现为思维视野广阔，思维呈现出多维发散状。到目前为止，可以找到的关于发散思维的解释有十多种，都是不同的专家在不同的应用领域中总结出来的，但是中心思想都非常的相似，所谓“发散”即扩散、辐射、放射。发散思维是指把一个问题作为思维的出发点或中心，围绕该问题沿着不同方向、不同角度、向上下左右多个方位寻求问题答案的思考方式。这种方式不受已经确定的方法、规则和范围等的约束，并且从这种扩散的思考中求得常规的和非常规的多种设想的思维。发散思维是一种多向思维，多向思维的概念最早是由武德沃斯于1918年提出，以后斯皮尔曼、卡推尔作为一种“流畅性”因素而使用过。美国心理学家吉尔福特在“智力结构的三维模式”中，便明确地提出了发散性思维，也即是多向思维。

发散思维是一种品质，需要有积极进取、不断探索、奋发向上的精神；需要有丰富的情感、饱满的激情和广泛的兴趣，大脑要始终处于亢奋状态；需要有概括和透过现象看本质的能力；需要有正确的苦乐观；需要一种胆识。这些品质汇集成一种能力，即发散思维是一种能力，不是什么具体的方法，它需要长时间的培养才能够形成。

二、发散思维的特征

发散思维具有四个基本特征，即流畅性、变通性、独特性和多感官性。

（一）流畅性

流畅性是指思维畅通无阻，反应迅速，能在短时间内表达较多的概念，并且能较快地适应和消化新的思想概念。流畅性是发散思维的量的指标，反映的是发散思维的速度和数量，属于发散思维的低层次。一个人在规定的时间内按要求所表达的东西越多，意味着思维的流畅性越好。思维的流畅性与机智密切相关。

有一次，有人出了一个很有趣的题目：有图形“∩∩”，请在十分钟之内想象它和什么东西相似或相近，想象出的东西越多越好。有人在规定的时间内发散量多达 38 个（窑洞、桂林山水、彩虹双架、坟墓、乌篷船、射击抛物线、堡垒对峙、双座峭石、喷水池、萌芽、两只仙鹤戏水、冰山将融、橱窗、魔鬼的眼睛、问讯处、检验洞、隧道出入口、鹭鸶入水、鲟鱼头、鲳鱼须、破蛋、窝窝头、峡谷、深山谷、木马、径赛冲线、双竿垂钓、拱桥、两个桥洞、海上日出、峭石旁、双鱼跃水、笔记本夹页处、天边浮云、拖把、城门、树阴、跳水）。但有一个受试者只提供了 2 个答案（远处的山头，两个山洞）。

（二）变通性

变通性又称灵活性，指思维能随机应变，触类旁通，不受消极的思维定势的桎梏，能产生创新的思维成果，要求人们克服头脑中某种自己设置的僵化的思维框架，按照某一新的方向去思索问题。

流畅性是纵向思维，能在一个面上流畅地产生多种同类型解决问题的方案；变通性是横向思维，即在不同方向上产生多种类型解决问题的方案。流畅性是以广博的知识和牢固的记忆为基础，它是思维量的线性延伸；变通性以灵活性为基础，它是以思维量的扇状扩张。灵活性，扇状扩张，这就是变通思维的基本特点。它在思维遇到困难时能随机应变，及时调整思考方式，开拓新的思路，而不只是进行单向发散或局限于一隅。有人把变通性叫作思维的弹性。没有弹性的思维不可能是创造性的思维。变通性是发散思维的中层次，反映的是思维的灵活和跨越。

这里仍以上面提到的图形“∩∩”的测试为例，我们分析那个发散量最高的受试者的答案，就可以看出，他的思维不是沿着一个方向发散，而是沿着四个不同的方面发散的：第一，他把“∩∩”视为水平线上的两个不同的物体，如窑洞、坟墓等；第二，他把“∩∩”视为水平线上的两个相同的物体，如隧道进出口；第三，他从侧面看，把“∩∩”视为乌篷船等；第四，他把“∩∩”视为运动的形体，如双鱼跃水等。而变通差的受试者，一般只把上述图形看成同一水平线上的两个物体，这等于说，他们只做了单向发散，凡变通性差的人，往往存在着把自己的思路局限于一隅的弱点。

心理学家蒙德·波诺把思维分为直达思维和旁通思维两种，说直达思维是程式化的逻辑思维，旁通思维“要对各种事物提出新看法”。“直达思维把一个孔眼挖得更深，旁通思维则试图多处钻孔”。旁通思维指的是发散思维的变通性，他举了这样一个虚构的例子：某商人负债累累，债主要商人的女儿许身给他抵债。债主建议，他在口袋里放一个黑石子和一个白石子，要商人女儿从中抓一个，如抓到白的即取消债务，如抓到黑的则以身许嫁，如拒绝抓石子，他父亲就要入狱。他们走到撒满石子的途中停了下来，债主抓了两个石子放在口袋里。女孩子看得很清楚，债主抓的两个石子都是黑的。女孩子急中生智，当她从口袋里抓出石子时，有意掉在地上和乱石子混在一起，然后对债主说：你只要看一看口袋里剩下的那个石子就可以知道我抓的是黑石子，还是白石子了。

如果那个女孩子一条路想下去，走下去，就会使债主阴谋得逞。这个聪明的姑娘在危难时刻，把思维伸向了横遭厄运和免遭厄运这对立的两个方面，以出奇制胜的旁通思维救了他的父亲和自己。这就充分体现了发散思维的变通性特征。

（三）独特性

独特性是指人们在发散思维中表现出不同寻常的，异于他人的新奇反应能力，这一能力使他的思维突破常规和经验的束缚，获得新颖独特的创造成果，自然解决问题的方法也突破常规习惯和经验束缚，创造出全新的观念。独特性代表了发散思维的本质，属于发散思维的高层次，在发散思维中起核心性的作用。

独特不一定是创新，但是创新就必须是独特的。我们还可以再以前面“∩∩”图形为例，那个看了图形“∩∩”能够在10分钟内说出38种答案的受试者，显然具有上好的思维流畅性和较好的思维变通性，但是在独特方面，他表现得并不突出，而有一个受试者，虽然发散量不大，却别出心裁地把图形“∩∩”视为“伸在一张纸后的两个指头”，“两个水田里插秧人”，这就显示了他思维不同寻常的独特性。

（四）多感官性

发散性思维不仅运用视觉思维和听觉思维，而且也充分利用其他感官接收信息并进行加工。发散思维还与情感有密切关系。如果思维者能够想办法激发兴趣，产生激情，把信息情绪化，赋予信息以感情色彩，会提高发散思维的速度与效果。

发散性思维的四个特征明确提出了人们在进行思维时需要考虑的诸多方面，而将流畅性、变通性、独特性以及多感官性综合应用，才称得上是具有真正意义上的创造性的发散思维能力。

三、发散思维的功用

如果说创新是一个民族的灵魂，那么发散思维就是创新的基石。

发散思维是由此及彼的思维，是艺术化的思维，她能使我们对工作、生活和学习产生激情，她是智慧的发源地，是兴趣的乐园……

在我们的工作和学习中，常常会遇到一些问题。对此，有的人烦恼不已、灰心丧气，采取回避的态度；而有的人却精神振奋、跃跃欲试，不仅努力地去解决问题，而且还努力地去发现新问题。这是两种不同能力、不同品质的人，面对“问题”的不同反应。可以说，“问题”是推动社会进步的重要动力。

生活也一样，没有“问题”的生活就平淡无趣、溅不起浪花。一个人不会解决问题和发现新问题，他的生活必定是一团糟。那么，怎样去解决问题和发现新问题呢？这就需要发散思维。发散思维的具体功用主要体现在三个方面。

（一）核心性作用

想象是人脑创新活动的源泉，联想使源泉汇合，而发散思维就为这个源泉的流淌提供了广阔的通道。发散思维是创造性思维的最主要的特点。

（二）基础性作用

创新思维的技巧性方法中，有许多都是与发散思维有密切关系的。

（三）保障性作用

发散思维的主要功能就是为随后的聚合思维提供尽可能多的解题方案。这些方案不可能每一个都十分正确、有价值，但是一定要在数量上有足够的保证。

第二节　发散技巧的产生及应用

发散思维的应用非常广泛，“发散”的触角可以说无处不在，但是它们的每一次触摸都不是随意的，任何一次发散都要找到一个附着点，这就需要掌握发散思维是如何产生的，在市场中是如何应用的。

一、发散思维的产生

在不同的事物，不同的角度，不同的方向寻找解决问题的附着点。

（一）材料发散法

以某个物品作为“材料”，以其为发散点，设想它的多种用途。

（二）功能发散法

从某事物的功能出发，构想出该事物功能的各种可能性。看待事物的时候，必须运用创新思维去看待事物的特性，即事物的每一个性质，每一种形态，每一个现象都可能会引发出多种不同的功能。有一次在某地举行了一场别开生面的时装表演，一些平常被人们遗弃的垃圾，成了这次时装表演的主要原材料：用旧报纸、画报做的衣衫；用易拉罐做的衣裙的饰物；用旧光碟做的头饰等应有尽有，眼花缭乱，让人深切感受到了什么才是真正的变废为宝。

【经典案例】

变废为宝

美国历经百年风化的自由女神像翻新后，现场存有200吨废料难以处理。一个名叫斯塔克的人自告奋勇地承包了这一苦差事，他对废料进行分类处理，把废铜皮改铸成纪念币，废铅铝做纪念尺，水泥碎块整理成小石碑，把朽木泥巴装进玲珑透明的小盒子里，让大家作为有意义的纪念品选购。这样一来，一文不值且难以处理的垃圾顿时身价百倍，200吨垃圾一抢而空，斯塔克也由此大获其利。这种变废为宝的想法，就是成功利用事物的自身不同的功能进行发散思维的一个典型示例。

从发散思维的角度出发，没有废料一说。因为借助于功能发散，可以变废为宝，使一切废物得到利用。在日常生活当中，有很多事物的功能都没有被完全的发挥出来，这就需要进行事物功能的发散，寻求新的途径，产生新的效益。

（三）结构发散法

以某事物的结构为发散点，设想出利用该结构的各种可能性。

在北戴河孟姜女庙前檐柱上有一副对联，原文如下：

海水朝朝朝朝朝朝朝落

浮云长长长长长长长消

根据“朝”有两个读法：表示早晨的“朝”和表示潮水的“潮”，“长”也有两个读法：表示长短的“长”和表示涨潮的“涨”，三个游客议论开了：游客甲说，这对联可读成：海水潮，朝朝潮，朝潮朝落；浮云涨，长长涨，长涨长消。

游客乙说，这对联可读成：

海水朝潮，朝朝潮，朝朝落；

浮云长涨，长长涨，长长消。

游客丙说，这对联可以读成：

海水朝朝潮，朝潮，朝朝落；

浮云长长涨，长涨，长长消。

这三个游客的读法都没有错，不过是他们以对联的结构为发散点，做出了不同的处理而已。

（四）形态发散法

以事物的形态为发散点，设想出利用某种形态的各种可能性。

（五）组合发散法

以某事物为发散点，尽可能多地把它与别的事物进行组合成新事物，通过一个事物与另一个事物的有机组合或者是多种事物间的有机组合，使其产生新的事物或者是新的功用，这是创新的又一重要途径。

【经典案例】

鸡尾酒——组合就是创造

在一次盛大的宴会上，中国人拿出了香气袭人的茅台酒，德国人拿出了威士忌，俄国人拿出了伏特加，意大利人拿出了葡萄酒，法国人拿出了香槟。轮到美国人时，只见他将各种酒兑在一起，说道：“这叫鸡尾酒，它体现了美国人的民族精神——组合就是创造。”

这个小故事向我们说明：几种物质的组合有时能产生奇异效果，会导致新物质或新产品的诞生。这种组合方式就是组合发散法的基本内容。

（六）方法发散法

以某种方法为发散点，设想出利用方法的各种可能性。

（七）因果发散法

以某个事物发展的结果为发散点，推测出造成该结果的各种原因，或者由原因推测出可能产生的各种结果。因果发散方法的关键在于以既成的“果”去寻找促成它的“因”，从而找到解决问题的关键。当我们看到电视画面上出现了一个碎的玻璃杯子，我们的第一反应就是“是谁打碎的呢?”导致玻璃杯碎的原因有很多，需要根据实际情况进行思考，进行发散式的推测。比如可能是谁手没抓稳掉在地上摔碎了；可能是被某种东西敲碎了；可能是冬天冲开水时爆裂了；或者是杯里水结冰后胀裂了；或许是撞到坚硬地东西了；被猫碰倒了；被弹弓的子弹击碎；被火烧裂了……

面对问题时善于用发散思维的因果关系进行分析，方便我们找到真正解决问题的方法，如果以“果”作为寻求点，以果溯因，推求导致某一结果的可能原因，如能全面发散，必须追出事项源头。相反，以因推果，多方发散，可以预测未来的事情，避免盲目性。

（八）辐射发散法

辐射发散是美国心理学家吉尔福特提出来的，要求在寻求解决问题的答案时，要多方向地思考，像太阳那样由问题点向外做全方位辐射。

大师名言：你的信息来源越是广泛，你所产生的设想会越新颖。

——冯·奥奇

现在打破框框，开始进行辐射性的思考，想象一下曲别针的用途有多少种？10种还是20种？能不能再想得更多一些？在上海的一次中外学者参加的旨在开发创造力的研讨会上，一位日本的创造力研究专家村上幸雄拿出一枚曲别针，请与会者说出曲别针的用途有多少种，以此来比较一下大家的思维广度。大家各抒己见，很快就说出了60多种，村上对此表示称道。这时一个人问村上能够说出多少种，村上一笑，伸出3个指头。“30种?”村上摇头，“300种?”村上点头，对此与会人员纷纷表示惊讶和佩服，但也有人怀疑。于是村上来到讲台，滔滔不绝地向大家说出曲别针的300种用途。正当大家惊叹于村上过人的辐射思维时，我们中国的一位以“思维魔王”著称的怪才许国泰先生站起来说：“对于曲别针的用途，我能说出3万种。”此话一出，所有的与会者一片哗然，都觉得不可思议。

为了证实自己所说的话，许国泰先生来到讲台上对大家说：“刚才村上先生讲的用途其实可以用四个字概括，那就是钩、挂、别、连，这仍然具有局限性，要使思维突破这种格局。”接着他以曲别针作为问题的中心，沿着曲别针的重量、体积、长度、截面、弹性、直线、银白色等10多个要素向外进行思考，不拘一格地探寻各种答案，一枚普通的曲别针变幻出无穷的用途。

（九）关系发散法

关系发散法是指在观察事物解决问题的时候，以此问题为中心，根据该问题与其周围的关系进行分析，尽可能多地来重新理解和诠释，从而找到解决问题的方法。当我们确定了一个思考的对象，除了要围绕这个对象进行思考之外，还要想想这个对象和其他因素有什么联系，因为任何事物都不是孤立的，都和其他事物存在着千丝万缕的关系。所以我们在思考的过程中必须打破封闭的思维定势，尽可能多地把与该对象相关的因素纳入考虑的范围，多角度、全方位地看问题，这样我们的思路就会豁然开朗，创意不断。时常问自己“我是谁?”要尽可能多的想出你与社会各方面及各种人物之间的关系。

我是老师的学生；我是我的学生的老师；我是商场的顾客；我是电影院的观众；我是广播电台的听众；我是小张的同事；我是图书馆的读者；我是沈阳市的市民；我是跳水运动员……

每个人都处在一定的关系当中，每件事情周围都有很多错综复杂的关系，利用关系发散的方法，可以帮助解决很多实际的问题。

【经典案例】

崇祯测字

明末年间，崇祯皇帝有一天出宫私访，见到一位灵验的测字先生，便上前测字。他写了一个“友”字。测字先生惊讶地叫道：“哎呀呀，不得了。‘反’字出头，情况不妙。如今李自成攻陷洛阳，杀了皇叔，正是应了这‘反’字出头哇！”崇祯急忙开口说：“刚才写错了，应为‘有’字。”测字先生仍作惊恐状：“哎哟，那更不妙了！‘有’字拆开为‘广’和‘月’，分明是讲大明去了一半！”崇祯又急忙改测“酉”字。测字先生脸色一变，大惊之状，故作神秘地凑近崇祯说：“‘酉’字是‘尊’字砍头去足，要祸及‘至尊’呢。”很显然，这位号称“活神仙”的测字先生早以看出崇祯的身份，并了解当时的险恶局势，才运用关系扩散的方法对崇祯提出警谏的。

（十）假设推测法

假设的问题不论是任意选取的，还是有所限定的，所涉及的都应当是与事实相反的情况，是暂时不可能的或是现实不存在的事物对象和状态。

由假设推测法得出的观念可能大多是不切实际的、荒谬的、不可行的，这并不重要，重要的是有些观念在经过转换后，可以成为合理的有用的思想。

（十一）集体发散思维

发散思维不仅需要用上我们自己的全部大脑，有时候还需要用上我们身边的无限资源，集思广益。集体发散思维可以采取不同的形式，比如我们常常戏称的“诸葛亮会”。在设计方面，我们通常要采用的“头脑风暴”，每个不论可能性地说出自己的想法，只要自己能说通了，都可以被大家认同，而且被采纳，最后总结出结论。这个方法就叫做“头脑风暴”。

二、发散思维应用中需要注意的问题

第一，形→像：发散思维实际上就是以形传神，所以，彼此之间的形要像，并且越像越好；

第二，神→似：首先要能够提炼出问题的“神”来。其次，问题的结果只是神似，而神不一定相同；

第三，要考虑精确度：虽然形只是像，神只是似，但不能差得太远，要考虑精确度；

第四，要用设问句：发散思维不是逻辑思维，不能让我们直接作出判断，他只能帮助我们提出新问题，帮助我们寻找解决问题的切入点和思路（提出猜想）；

第五，要善待错误：现实中，往往许多次“发散”都不能解决问题，这些“发散”就是所谓的错误。之所以要善待错误，一是因为“失败是成功之母”，有些错误只是在某个细小环节上出现了偏差，只要我们加以弥补就走向成功了；第二，即使我们取得了成功，还有必要对以前的错误进行反思，这样做能让我们找到解决问题的另外的途径。

第六，把握好发散思维和想象思维的关系。发散思维和想象思维是密不可分的，我们向四面八方任意地张开想象时，也就是在进行发散思维。所以，我们在做发散思维训练时，应尽量摆脱逻辑思维的束缚，大胆想象，而不必担心其结果是否合理，是否有实用价值。

第七，要注意流畅性、变通性和独特性的要求，在训练中要尽量追求独特性。当然，如果一开始产生不了独特性的思维结果也不要着急。从流畅性到变通性再到独特性，循序渐进，逐渐就可以进入较高水平的发散思维状态。

训练题

第一，把握好发散思维和想象思维的关系。发散思维和想象思维是密不可分的，我们向四面八方任意地层开想象时，也就是在进行发散思维。所以，我们在做发散思维训练时，应尽量摆脱逻辑思维的束缚，大胆想象，而不必担心其结果是否合理，是否有实用价值。

第二，要注意流畅性、变通性和独特性的要求，在训练中要尽量追求独特性。当然，如果一开始产生不了独特性的思维结果也不要着急。从流畅性到变通性再到独特性，循序渐进，逐渐就可以进入较高水平的发散思维状态。

第三，注意跳出逻辑思维的圈子。

第四，在课堂上可以由教师统一掌握训练进度和时间，每道题以2～3分钟为宜。在课后自我训练时，时间可以长一些。

1. 运用发散思维解决以上雨伞存在的问题。

(1)容易刺伤人；

(2)拿伞的那只手不能再做其他的事情；

(3)乘车时伞会弄湿其他乘客的衣物；

(4)伞骨易折断；

(5)伞布会透水；

(6)开伞和收伞不够方便；

(7)样式单调、花色太少；

(8)晴雨两用伞在使用时不能兼顾；

(9)伞具携带收藏不够方便；

(10)雨天刮大风的时候雨伞很难能用上等。

2. 给一个冬瓜你会怎样处理？

3. 一名项目实施人员正在向公司领导汇报：

“这个客户的要求真是太苛刻了，他们的业务流程根本就不规范，却非要我们的产品实现，这是根本不可能的事情！”

“你可以和用户好好谈谈，把你的想法告诉用户，争取引导用户到我们的产品上来。”领导在鼓励。

“我已经和客户谈过2次了，而且召集了他们相关业务部门的领导举行了正式的需求交流会，把我们的产品的设计思路详细地做了讲解，可是他们还是坚持最初的要求。我是没有办法了！”

运用发散思维帮助这位项目实施人员，尽量减少他在工作中遇到这种僵局的可能性。

第八章 市场应用中的聚合技巧

学习要点 本章主要介绍了聚合思维的含义，特征，产生的条件，要区别于发散思维的学习。

在日本丰田汽车公司，曾经流行一种管理方法，叫做“追问到底”。就是说，对公司新近发生的每一件事，都采用追问到底的态度，以便找出最终的原因。一旦找到了最终原因，那么对于一连串的问题也就有了深刻的认识。

比如，公司的某台机器突然停了，那就沿着这条线索进行一系列的追问：

问：“机器为什么不转了？”

答：“因为保险丝断了。”

问：“为什么保险丝会断？”

答：“因为超负荷而造成电流太大？”

问：“为什么会超负荷？”

答：“因为轴承枯涩不够润滑。”？

问：“为什么轴承枯涩不够润滑？”

答：“因为油泵吸不上来润滑油。”

问：“为什么油泵吸不上来润滑油？”

答：“因为抽油泵产生了严重磨损。”

问：“为什么油泵会产生严重磨损？”

答：“因为油泵未装过滤器而使铁屑混入。”

追问到此，最终的原因就算找到了。给油泵装上过滤器，再换上保险丝，机器就正常运行了。如果不进行这一番追问，只是简单地换上一根保险丝，机器照样立即转动，但用不了多久，机器又会停下来，因为最终原因没有找到。

丰田公司所运用的方法就是所谓的聚合思维，帮助丰田公司解决了很多的疑难问题。那么，什么是聚合思维呢？

第一节　聚合思维

一、聚合思维的含义

聚合思维又称收敛思维，集中思维，辐合思维。聚合思维是相对于发散思维而言的，它以某种研究对象为中心，尽可能的运用现有的知识和经验将发散开来的不同部分、不同方面、不同来源或不同角度，不同的思路和信息汇集于一个中心点，通过比较、筛选、组合、论证等再创造性的方法进行重新的组织，从而得出在现有条件下解决问题的最佳方案。这就好比凸透镜的聚焦作用，它可以使不同方向的光线集中到一点，从而引起燃烧一样。

聚合思维的另一种情况是先进行发散思维，越充分越好，在发散思维的基础上再进行集中，从多种方案中选出一种最佳方案，同时注意将其他方案中的优点补充进来，加以完善，围绕这个最佳方案进行创造，效果自然会更好。例如洗衣机的发明就是如此，首先围绕“洗”这个关键问题，列出各种各样的洗涤方法，如洗衣板搓洗、用刷子刷洗、用棒槌敲打、在河中漂洗、用流水冲洗、用脚踩洗等等，然后再进行收敛思维，对各种洗涤方法进行分析和综合，充分吸收各种方法的优点，结合现有的技术条件，制订出设计方案，然后再不断改进，结果成功了。

总之聚合思维就是将思维始终集中于同一方向，使思维条理化、简明化、逻辑化、规律化。聚合思维与发散思维，如同“一个的两面”，是对立的统一，具有互补性，不可偏废。

二、聚合思维的特征

(一)聚焦性

聚合思维使创新思维的发展不再是任意的组合，而是把发散后得到的组合集中起来，选择最佳组合，通过定向、定点的思考，使思维条理化、简明化、逻辑化、规律化，具有更尖锐的穿透力，从而揭示出问题的实质。

钟摆原理的诞生也是这种聚焦思考的结果。一天，伽利略参加大教堂的集会。牧师滔滔不绝的讲道丝毫未引起他的兴趣。他的思维焦点指向了大教堂天花板上的一盏吊灯——那盏吊灯在风的吹动下，不停地摆动着。他的思维停顿下来，聚焦在吊灯的摆动上。他聚精会神地注视着，思考着……经过观察，他发现吊灯摆动的振幅虽然慢慢地减少了，但摆动的周期还是不变；即摆动周期与振幅无关。之后，他带着这个问题，进一步“聚焦”，观察了许许多多不同材料做成的不同形状的钟摆，得到了共同的结论。于是，钟摆摆动等时性原理，由此而“聚焦”出来了。

（二）整体性

聚合思维是将发散思维的思路再集中起来，体现了系统论的整体性。系统的整体性着眼于系统整体的状态和功能，追求系统整体的最佳效果。由于系统的整体功能是各个部分功能在相互联系和相互作用中产生的新功能，所以系统整体功能不等于其组成部分各部分的简单相加。

1975 年中东战争时，埃及用前苏联米格 – 25 型歼击机与以色列作战。该机航速为音速 3.2 倍，飞行高度 8 万英尺。是当时世界上飞行最快的飞机，这使当时西方国家军界忧心忡忡。后来，前苏联一名空军上尉驾驶该机叛逃日本，美、英两国联合派专家分解研究该机。他们发现，机身和机翼由普通钢板制成，手工焊接带着褐色锈斑；电子设备由落后的真空管组成。但它的总体设计却很有特色：引擎虽然笨重且耗油多，但功率强大，在高空特别有效，且易于更换；整体易于维修保养，安全可靠；装有先进的计算机系统，性能良好的自动驾驶仪和反雷达装置；真空管电子设备虽落后，却能适应高空飞行的温度骤变。这表明，它的某些部件技术虽较落后，但总体性能非常适合高速高空战斗的要求，总体设计是成功的。

美国阿波罗登月计划总指挥韦伯曾指出：“阿波罗计划中没有一项技术的新发明，都是现成技术的运用，关键在于综合。”

（三）封闭性

如果说发散思维的思考方向是以问题为原点指向四面八方的，具有开放性，那么，收敛思维则是把许多发散思维的结果由四面八方集合起来，选择一个合理的答案，具有封闭性。

（四）连续性

发散思维的过程，是从一个设想到另一个设想时，可以没有任何联系，是一种跳跃式的思维方式，具有间断性。收敛思维的进行方式则相反，是一环扣一环的，具有较强的连续性。

（五）求实性

发散思维所产生的众多设想或方案，一般来说多数都是不成熟的，也是不实际的，我们也不应对发散思维做这样的要求。对发散思维的结果，必须进行筛选，收敛思维就可以起这种筛选作用。被选择出来的设想或方案是按照实用的标准来决定的，应当是切实可行的。这样，收敛思维就表现了很强的求实性。

（六）可行性

可行性，聚合思维是以可行性作为标准选择解题方案的，如果没有可行的方案，说明发散中新思维没有充分发挥。发散思维不同于分析思维，同理聚合思维也不同于综合思维，可见发散思维与聚合思维都是要克服思维定式，不局限于常规的提出解决问题的新思路，新理论，新创造。

有实验表明，任何两个概念都可以经过四五个阶段建立可以设想的关系，这个过程就要运用发散与聚合的思维方法。比如“木质”与“皮球”是两个关系较远的概念，但经过四个中间环节就可以从“木质”联想到“皮球”。“木质—树林—田野—足球场”，“木质—树林—田野”是一个发散过程，而“田野—足球场—皮球”是一个聚合过程。

发散思维与聚合思维都是创新思维方法。在一个创新思维过程中，发散与聚合是创新思维的两个组成部分，发散是为了聚合，发散是聚合的基础；聚合是发散的目的，聚合是发散的必然结果，两者决不可偏废任何一个。只注重聚合可能会造成思维的贫乏和刻板，不利于创新的进行；同样，如果只注重发散又可能使发散的任意性太高，由于得不到聚合的帮助而使思维成果付诸，所以只有将两者组合运用，才能有效地从事创新思维。

第二节 聚合技巧的应用方法

聚合思维的应用方法主要有辏合显同法，层层剥笋法、目标确定法和聚焦法。

一、辏合显同法

就是把所有感知到的对象依据一定的标准“聚合”起来，显示它们的共性和本质。例：我国明朝时候，江苏北部曾经出现了可怕的蝗虫，飞蝗一到，整片整片的庄稼被吃掉，人们颗粒无收……徐光启看到人民的疾苦，想到国家的危亡，毅然决定去研究治蝗之策。他搜集了自战国以来二千多年有关蝗灾情况的资料。

在这浩如烟海的材料中，他注意到蝗灾发生的时间，151 次蝗灾中，发生在农历四月的 19 次，发生在五月的 12 次，六月的 31 次；七月的 20 次，八月的 12 次，其他月份总共只有 9 次。从而他确定了蝗灾发生的时间，大多在夏季炎热时期，以六月最多。另外他从史料中发现，蝗灾大多发生在“幽涿以南、长淮以北、青兖以西、梁宋以东诸郡之地（相当于现在的河北南部，山东西部，河南东部，安徽、江苏两省北部）”。为什么多集中于这些地区呢？经过研究，他发现蝗灾与这些地区湖沼分布较多有关。他把自己的研究成果向百姓宣传，并且向皇帝呈递了《除蝗疏》。徐光启在写《除蝗疏》整个思维过程中，运用的思考方法就是我们讲的“辏合显同法”。

二、层层剥笋法（分析综合法）

我们在思考问题时，最初认识的仅仅是问题的表层（表面），因此，也是很肤浅的东西，然后，层层分析，向问题的核心一步一步地逼近，抛弃那些非本质的、繁杂的特征，以便揭示出隐蔽在事物表面现象内的深层本质。

例：1940 年 11 月 16 日，纽约爱迪生公司大楼一个窗沿上发现一个土炸弹，并附有署名 F. P 的纸条，上面写着：爱迪生公司的骗子们，这是给你们的炸弹！这种威胁活动越来越频繁，越来越猖狂。1955 年竟然放上了 52 颗炸弹，并炸响了 32 颗。对此报界连篇报道，并惊呼此行动的恶劣，要求警方给予侦破。纽约市警方在 16 年中煞费苦心，但所获甚微。所幸还保留几张字迹清秀的威胁信，字母都是大写。其中，F. P 写到：我正为自己的病怨恨爱迪生公司，要使它后悔自己的卑鄙罪行。为此，不惜将炸弹放进剧院和公司的大楼，等等。警方请来了犯罪心理学家布鲁塞尔博士。博士依据心理学常识，应用层层剥笋的思维技巧，在警方掌握材料的基础上做了如下的分析推理：

(1)制造和放置炸弹的大都是男人。

(2)他怀疑爱迪生公司害他生病，属于偏执狂病人。这种病人一过35岁后病情就加速加重。所以1940年是他刚过35岁，现在1956年他应是50岁出头。

(3)偏执狂总是归罪他人。因此，爱迪生公司可能曾对他处理不当，使他难以接受。

(4)字迹清秀表明他受过中等教育。

(5)约85%的偏执狂有运动员体型，所以F. P可能胖瘦适度，体格匀称。

(6)字迹清秀、纸条干净表明他工作认真，是一个兢兢业业的模范职工。

(7)他用卑鄙罪行一词过于认真，爱迪生也用全称，不像美国人所为。故他可能在外国人居住区。

(8)他在爱迪生公司之外也乱放炸弹，显然有F. P自己也不知道的理由存在，这表明他有心理创伤，形成了反权威情绪，乱放炸弹就是在反抗社会权威。

(9)他常年持续不断乱放炸弹，证明他一直独身，没有人用友谊或爱情来愈合其心理创伤。

(10)他虽无友谊，却重体面，一定是一个衣冠楚楚的人。

(11)为了制造炸弹，他宁愿独居而不住公寓，以便隐藏和不妨碍邻居。

(12)地中海各国用绳索勒杀别人，北欧诸国爱用匕首，斯拉夫国家恐怖分子爱用炸弹。所以，他可能是斯拉夫后裔。

(13)斯拉夫人多信天主教，他必然定时上教堂。

(14)他的恐吓信多发自纽约和韦斯特切斯特。在这两个地区中，斯拉夫人最集中的居住区是布里奇波特，他很可能住那里。

(15)持续多年强调自己有病，必是慢性病。但癌症不能活16年，恐怕是肺病或心脏病，肺病现代容易治愈，所以他是心脏病患者。

根据这种层层剥笋式的方式，博士最后得出结论：警方抓他时，他一定会穿着当时正流行的双排扣上衣，并将纽扣扣得整整齐齐。而且，建议警方将上述15个可能性公诸报端。F. P重视读报，又不肯承认自己的弱点。他一定会作出反应以表现他的高明，从而自己提供线索。果不其然，1956 年圣诞节前夕，各报刊载这 15 个可能性后，F. P 从韦斯特切斯特又寄信给警方："报纸拜读，我非笨蛋，决不会上当自首，你们不如将爱迪生公司送上法庭为好。"依循有关线索，警方立即查询了爱迪生公司人事档案，发现在三十年代的档案中，有一个电机保养工乔治梅特斯基因公烧伤，曾上书公司诉说染上肺结核，要求领取终身残废津贴。但被公司拒绝。数月后离职。此人为波兰裔，当时(1956 年)为 56 岁，家住布里奇波特，父母早亡，与其姐同住一个独院。他身高 1.75 米，体重 74 公斤。平时对人彬彬有礼。1957 年 1 月 22 日，警方去他家调查，发现了制造炸弹的工作间，于是逮捕了他。当时他果然身着双排扣西服，而且整整齐齐地扣着扣子。

三、目标确定法

确定搜寻目标(注意目标)，进行认真地观察，作出判断，找出其中的关键，围绕目标定向思维，目标的确定越具体越有效。例：一战时，德法交战，德军依据猫判断法司令部所在地。第一次世界大战期间，法国和德国交战时，法军的一个旅司令部在前线构筑了一座极其隐蔽的地下指挥部。指挥部的人员深居简出，十分诡秘。不幸的是，他们只注意了人员的隐蔽，而忽略了长官养的一只小猫。德军的侦察人员在观察战场时发现：每天早上八九点钟左右，都有一只小猫在法军阵地后方的一座土包上晒太阳。德军依此判断：A)这只猫不是野猫，野猫白天不出来，更不会在炮火隆隆的阵地上出没；B)猫的栖身处就在土包附近，很可能是一个地下指挥部，因为周围没有人家；C)根据仔细观察，这只猫是相当名贵的波斯品种，在打仗时还有兴趣玩这种猫的决不会是普通的下级军官。据此，他们判定那个掩蔽部一定是法军的高级指挥所。随后，德军集中六个炮兵营的火力，对那里实施猛烈袭击。事后查明，他们的判断完全正确，这个法军地下指挥所的人员全部阵亡。

四、聚焦法

聚焦法，就是人们常说的沉思、再思、三思，是指在思考问题时，有意识、有目的地将思维过程停顿下来，并将前后思维领域浓缩和聚拢起来，以便帮助我们更有效地审视和判断某一事件、某一问题、某一片段信息。由于聚焦法带有强制性指令色彩，其一，可通过反复训练，培养我们的定向、定点思维的习惯，形成思维的纵向深度和强大穿透力，犹如用放大镜把太阳光持续地聚焦在某一点上，就可以形成高热。其二，由于经常对某一片段信息，某一件事、某一问题进行有意识的聚焦思维，自然会积淀起对这些信息、事件、问题的强大透视力、溶解力，以便最后顺利解决问题。

训练题

1. 尽可能说出海水和江水的共同点。

2. 案例分析：

案例一：张县令焚猪验尸

三国时期，句章县县令张举接手过一桩“谋杀亲夫”案件。被告是一位三十多岁的女人，很有几分姿色，原告是死者的亲哥哥。

原告指着号啕大哭的女人向张县令申诉道：“昨晚她回了娘家，半夜，我弟弟家起火，待我们赶到去救火时，房屋已经烧塌，弟弟也被烧死在床下。我弟弟为人懦弱，这个女人平日就行为不轨，定是她与奸夫合谋害了我弟弟，请大人明察。”

被告连呼：“冤枉！冤枉！我昨夜住在娘家，哪知家中遭如此天大不幸，如今，我也不想活了！”说着，一头向附近的厅柱上撞去，幸被差役们拉住，才免于头破血流。

张县令吩咐打轿到现场去察看，命仵作检验了死者尸体，没有发现任何可疑之处。他又亲自掰开死者的嘴看了看，面对灰烬飞旋、余烟缕缕的残屋，心中忽有所悟。

张县令发签下令：“捉两头猪来！”

不一会儿，两头活猪被捆绑着送到张县令面前。张县令命令点起两大堆火，将一头猪杀死，扔在火上烧烤，将另一头猪活活在火上烧烤而死。好一番工夫后，火熄猪死。

张县令命令：“掰开猪嘴。看嘴内可有什么？”

差役们照办后回报：“杀死后放在火上烧烤之猪，嘴内清清白白；活活烧死之猪，嘴内尽是灰烬。”

张县令转头对被告说：“你丈夫的嘴内也是清清白白，一点灰烬没有，这是什么缘故？”

那妇人顿时如同一滩烂泥瘫在地上，一五一十地招认了与奸夫合谋害死亲夫，然后纵火烧屋的经过。

【聚合思维训练】

描述张县令的思维过程。

【思维模拟】

1. 这个妇人有罪还是无罪?

2. 有罪的理由是什么?无罪的理由是什么?

3. 现场的情况勘察和对尸体的检验都没有发现可疑点，妇人看似无罪。

4. 但死者的哥哥反映的情况也有道理，应该重新寻找妇人有罪的证据。

5. 死者口腔内没有什么异常，看来不像是被人投毒所杀。

6. 房屋被付之一炬，灰烬飞旋——死者口腔内干干净净——妇人有罪。

7. 烧猪验尸，检验猜测。

案例二：十亿富翁的成功之路

保罗·盖蒂不到24岁时就成为一个独立的石油经营者，并赚到了第一个百万美元。盖蒂的大部分时间都用在钻探上，他穿着满身油污的工作服与工人们吃在一起、干在一起，深得他的雇员们的信赖。

有一次，一位老练的油田工人出现在盖蒂的钻井场地，提出要在盖蒂手下找一份工作。盖蒂知道他在一家大公司工作，便问他："那里的条件比我这里好多了，为什么非要到我这里来呢?"油田工人怒冲冲地说："我在那个钻井场已干了5个月，只钻了4000英尺!"

盖蒂笑了，问："那么，你认为要是由我来干，钻这么深需要多少天。"油田工人回答："10天！我敢打赌。这就是我为什么不愿在那边干的原因。"

这个油田工人后来成了盖蒂手下的骨干成员。

盖蒂坚持认为：伙计与老板之间所存在的紧密团结精神与相互信任是至关重要的。

有一次，盖蒂在加利福尼亚西尔滩油田租得一小块土地，这一小块土地只能通过一条长400多英尺、宽不足4英尺的地面接通补给路线，载运物质和装备的卡车根本开不进去，同行们都劝盖蒂："把这一块油田忘记吧！你永远不会在那里钻出一口井来，一百万年也做不到。"

盖蒂与他的工人们商量，一个钻井工人说："老板，让我们去看看，我们会找到某种办法，不要担心!"

盖蒂与工人们一起来到那块土地上。工人们向盖蒂提出了运用小型钻井设备和铺设窄轨铁路的办法，不但很快地打出了井，而且很快地产出了油。

盖蒂的事业就是这样迅速发展起来的。到了1951年，盖蒂已拥有了一个浩大的"潮水石油公司”，仅此一个公司，其资产就超过了8亿美元！

如今，盖蒂的石油公司及其他矿产勘探公司活跃在全球四个大洲上，其财产在10亿美元以上。

【聚合思维训练】

1. 盖蒂靠什么聚拢了一大批人才？

2. 企业经营的思考源点是什么？

3. 在企业经营活动中应当以企业的利益为中心，还是应当以员工的利益为中心？

第九章　市场应用中的逆向技巧

学习要点　人们往往习惯于按照事物发展的方向去看问题，实际上有时在问题不能得到解决的时候，我们往往可以运用反向的方法来解决。本章主要从逆向技巧的含义，特征及产生的条件邓方面介绍解决的问题的技巧。

【经典案例】

凤尾裙与无跟袜

某时装店的经理不小心将一条高档呢裙烧了一个洞，其身价一落千丈。如果用织补法补救，也只是蒙混过关，欺骗顾客。这位经理突发奇想，干脆在小洞的周围又挖了许多小洞，并精于修饰，将其命名为“凤尾裙”。一下子，“凤尾裙”销路顿开，该时装商店也出了名。逆向思维带来了可观的经济效益。无跟袜的诞生与“凤尾裙”异曲同工。因为袜跟容易破，一破就毁了一双袜子，商家运用逆向思维，试制成功无跟袜，创造了非常良好的商机。

人们习惯于沿着事物发展的正方向去思考问题并寻求解决办法。其实，对于某些问题，尤其是一些特殊问题，从结论往回推，倒过来思考，从求解回到已知条件，反过去想或许会使问题简单化，使解决它变得轻而易举，甚至因此而有所发现，创造出惊天动地的奇迹来，这就是逆向思维和它的魅力。

第一节　逆向思维

一、逆向思维的含义

逆向思维又称“反向思维”或“求异思维”，是一种与一般思维方向相反的思维方式。逆向思维是指人们为达到一定目标，从相反的角度来思考问题，从中引导启发思维的方法，让思维向对立面的方向发展，从问题的相反面深入地进行探索，树立新思想，创立新形象。面临新事物、新问题的时候，当大家都朝着一个固定的思维方向思考问题时，而你却独自朝相反的方向思索，这样的思维方式就叫逆向思维。我们应该学会从事物的不同方面、不同角度来分析研究新事物、解决新问题。例如“司马光砸缸。”有人落水，常规的思维模式是“救人离水”，而司马光面对紧急险情，运用了逆向思维，果断地用石头把缸砸破，“让水离人”，救了小伙伴性命。逆向思维是人们重要的思维方式。

据说，逆向思维可以使人年轻。每个人都要走向明年，明年会比今年大一岁，所以今年比明年年轻一岁。对于老年人，这样的逆向思维，可以让人越活越年轻；对于年轻人，则可以珍惜时间，更加努力。

二、逆向思维的特征

逆向思维是一种反向性思维，可以改变常规思维，强调反其道而行。这种反向性的思维具有三个重要的特征。

（一）普遍性

逆向性思维在各种领域、各种活动中都有适用性，由于对立统一规律是普遍适用的，而对立统一的形式又是多种多样的，有一种对立统一的形式，相应地就有一种逆向思维的角度，所以，逆向思维也有无限多种形式。如性质上对立两极的转换：软与硬、高与低等；结构、位置上的互换、颠倒：上与下、左与右等；过程上的逆转：气态变液态或液态变气态、电转为磁或磁转为电等。不论那种方式，只要从一个方面想到与之对立的另一方面，都是逆向思维。

（二）批判性

逆向是与正向比较而言的，正向是指常规的、常识的、公认的或习惯的想法与做法。逆向思维则恰恰相反，是对传统、惯例、常识的反叛，是对常规的挑战。它能够克服思维定势，破除由经验和习惯造成的僵化的认识模式。

参考文献

1. 肖行. 创新思维培养与训练研究. 江西高校出版社，2008.
2. 余华. 创新思维训练教程(第二版). 人民邮电出版社，2007.
4. 周耀烈. 思维创新与创造力开发. 浙江大学出版社，2008.
5. 赵贵国. 员工创新思维训练8堂课. 中国工人出版社，2007.
6. [英]东尼·博赞. 思维导图——大脑使用说明书. 张鼎昆，徐克茹译. 外语教学与研究出版社，2005.
7. [英]爱德华·德·博诺. 六顶思考帽. 冯杨译. 山西人民出版社，2008.
8. 郭国庆. 市场营销. 武汉大学出版社，1999.
9. 韩德昌. 市场营销基础. 中国财政经济出版社，2005.
10. 夏蔚纯. 市场心理学. 辽宁大学出版社，1995.
11. 许光明. 创新思维简明读本. 广东教育出版社，2006.
12. 王惠连，赵欣华，伊嫱. 创新思维方法. 高等教育出版社，2006.
13. 张永声. 思维学. 江苏科学技术出版社，1988年3.
14. George S. Day, Paul J. H. Schoemaker. 发散思维：发现将决定公司成败的微弱信号. 哈佛商学院出版社，2006.
15. 白波. 博弈智慧. 哈尔滨出版社，2006.
16. http：//www. 795. com. cn
17. http：//www. hudong. com
18. http：//www. baibar. com/post/421. html
19. http：//www. 17xie. com/read－114264. html
20. http：//www. u899. com/flsj/article_content. aspx？ id＝1086
21. http：//wiki. mbalib. com/ 博弈论
22. http：//wiki. mbalib. com/ 六顶思考帽
23. http：//www. parisevi. cn 曹增辉
24. 郭国庆. 市场营销学. 武汉大学出版社，2004.

25. 常丽，齐巧月，邹来斌. 市场学理论与实践. 东北大学出版社，1993.
26. 刘国光. 现代市场经济实用知识. 吉林人民出版社，1998.
27. 方光罗. 市场营销学. 东北财经大学出版社，2001.
28. 陈信康. 市场营销学案例集. 上海财经大学出版社，2003.

图书在版编目(CIP)数据

市场营运心计概要/侯鹏,王丽丽主编. —长沙:中南大学出版社,2010

(21世纪广告智能运作书系)

ISBN 978-7-81105-869-7

Ⅰ.市...　Ⅱ.①侯...②王...　Ⅲ.市场营销学　Ⅳ.F713.50

中国版本图书馆CIP数据核字(2010)第012765号

市场营运心计概要

侯鹏　王丽丽　主编

□责任编辑　彭亚非
□责任印制　文桂武
□出版发行　中南大学出版社
社址:长沙市麓山南路　邮编:410083
发行科电话:0731-88876770　传真:0731-88710482
□印　装　长沙市宏发印刷厂

□开　本　730×960　1/16　□印张 11.75　□字数 206千字
□版　次　2010年1月第1版　□2010年1月第1次印刷
□书　号　ISBN 978-7-81105-869-7
□定　价　28.00元